U0142638

反應速率 與化學平衡

陳大為　著

馮優　王昊　影片拍攝

五南圖書出版公司 印行

學生推薦序

師大附中　陳琮文

　　力透紙背的板書、配色分明的筆記、師大附中的學歷、潘安再世的外表⋯⋯沒錯！這就是大為老師！師所謂：傳道，授業，解惑也。褪去化學老師的職業，大為老師竟然仍是一位替人解惑的作家，但對於內容的專業度也絲毫不減。套用一句附中的老話：人生很短，只夠一次附中。我當初以為這句話只適用於在學校的我們，沒想到已經畢業多年的學長——大為老師——仍在努力的充實自己，這份精神，學弟難以望其項背。熱烈推薦這本好書給大家！

學生推薦序

中山女高　王淳璟

　　陳大爲老師在補教業已有數十年的經驗，只要同學一個眼神、一個表情，老師就能知道同學哪裡不懂，馬上換個方式或是更詳細的重講一遍。因此陳大爲老師最能理解我們在哪個觀念上常會卡關，用學生能理解的方式將化學理論詮釋的更透徹。透過生活化的譬喻、逗趣的口訣，老師讓我對各個重點的印象更加深刻。在我段考失利、面對學測感到迷惘時，大爲老師也鼓勵了我，讓我重拾了勇氣面對化學！

學生推薦序

臺中女中　王婕妤

　　在遇見大爲老師之前，我對化學一直是一知半解的。或許是理解能力不足，也或許是頻率沒有跟以前的老師對到，我的化學都是用死記硬背的方式撐著，一直無法抓到最中心的邏輯。但自從開始上大爲老師的課之後，化學的大門漸漸對我敞開，我漸漸開始領悟到那藏在每一個觀念之間的關聯，一個又一個單獨的重點逐漸串聯起來，在我腦中構成一幅化學地圖。原本的瓶頸被突破，成效也在考試上慢慢顯現出來——從及格邊緣提升到接近90。真的很感謝大爲老師這一年的協助，也感謝緣分讓我遇見大爲老師，讓我的化學越來越進步。如果你的化學也跟我一樣有障礙，大爲老師可以幫你解答你所有的疑惑！

學生推薦序

臺中女中　許嫚庭

　　高一開始，我的化學課就是得過且過的，從來沒有真正的懂過化學，所以我的基礎化學就非常的差，當然這些完全沒有意外的直接影響了我的高二化學，所以我就毅然決然的決定要補習，發現老師不只定義講得非常清楚，上課還會一步步的帶著我們解題，引導我們思考，甚至還會順便幫我們複習一些高一基礎化學的知識，這讓之前沒有懂化學的我，得到了許多的幫助，把以前搞不懂或搞混的問題，全都慢慢的解決了。 我認為老師教的觀念真的非常容易理解、吸收，在老師的課程中，我也慢慢的感受到了化學的樂趣，我認為大為老師是我看過能把化學上的最有趣的老師！

自 序　速率與平衡，要你掌握！

　　化學「反應速率」與「化學平衡」這兩個主題的範疇，其實相關性不是很大。在國中課程裡，在國中理化18個章節中放入「反應速率與平衡」1章，提到的內容只有「影響反應速率的因素」與「勒沙特列定律濃度與溫度相關」，簡單輕輕帶過而已。而在高中化學領域，雖分別在選修課程中12章節中的2章，討論的內容就很深入，還分別各占一次段考的範圍，讓許多自然組的高中生有點招架不住。

　　在「反應速率」方面，我們了解，物質要進行化學反應，必先發生碰撞，但碰撞成功機會，事實上並不大，原因就是碰撞位向是否正確與碰撞能量的足夠與否，但是所有影響反應速率的因素都還是基於碰撞理論來研討的。而學生比較頭痛的部分，就是「反應級數」與「半生期」的判斷，其他影響反應速率的因素，由於在國中理化就已經學習過，而且難度較低，學生學習起來就比較得心應手。

　　在「化學平衡」方面，高中課程就比國中課程難度提高許多。為什麼會有可逆反應？可逆反應的條件是什麼？雖說國中理化課程已稍微提到勒沙特列定律的重點，但是在高中化學課程中加入壓力與濃度方面的化學計量，讓本來就已經不容易學習的化學平衡，難度更是提高。除了化學平衡本身，本書再加入「離子沉澱」的部分，但這個內容的衍伸，會讓本章的敘述更形完整。

　　本書是「行動化學館」系列之一，在《化學反應》一書中，曾提及本書的簡單內容。本書依國中理化課程編排，把兩個主題集合成一冊，再把前書提到的內容做了統整、並引入較專業的相關事例，以期增加本書內容的活潑性。再者，依本人35年來在國、高中補教領域的

教學經驗，以常見的考試題目做例題，據此做深入淺出的補充說明，期許對此課程內容有興趣的讀者，除了對反應速率與化學平衡有基本的認識之外，還能造福在此主題陷入困境的在學學生，開啟了一扇光明的大天窗。

陳大為

民國111年梅雨季於新北市三重區太陽教學總部

作者簡介

陳大爲老師，學生暱稱化學太陽神

縱橫補教界35年，每年教導上千位國、高中學生，爲目前全國最受肯定的理化補教名師，上課風格節奏明快、幽默詼諧、課程重點針針見血，抓題精準，最擅長將課程重點彙整列表圖示，並以日常生活實例融入理化課程中，深受學生好評。曾同時爲中國時報《97國中基測完全攻略密笈》乙書、〈國三第八節〉專欄理化科作者。著有《你也可以是理化達人》、《圖解國中理化》、《國中理化一點都不難》、《大學學測必考的化學22題型》、「行動化學館」系列、《國中理化TOP講義》、「超可愛科學」系列、《國高中理化太陽講義》進度與總複習系列等。現爲太陽教育集團、臺北文城、儒林、臺中曙光等各大補習班理化名師，並任太陽教育集團總召集人。

目　錄

第一章 反應速率

本章導讀

　　化學領域中，研究化學反應的快慢、即反應速率（rate of reaction）的科學，稱為「化學動力學（chemical kinetics）」，其中「碰撞理論（collision theory）」是化學動力學中最基本的理論。

　　根據碰撞理論，參與化學反應的粒子必須相互碰撞才能成功進行反應。但不僅如此，這些參與反應的粒子必須先具備足夠能量，才能形成一種類似中間產物的物質，稱為「活化複合體（activated complex）」，再進而轉變為產物。故了解化學反應速率與影響反應速率的因素，有助於了解反應的本質，進而操控反應的快慢。

　　本章將針對「反應速率」、「碰撞理論」及「影響反應速率的因素」等概念，進行探討。

學習概念圖

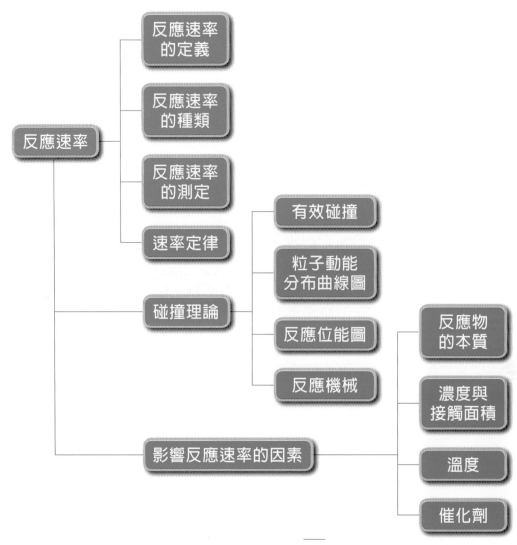

西元2258年，隨著地球資源愈來愈匱乏，極端氣候愈來愈頻繁，人類終於下定決心，移民到火星。官聖與雅妍是一對星際情侶，獲派前往這個距離地球最相近的行星，進行先驅任務。所以，兩人正非常努力地進行任務行前訓練……。

雅妍與官聖各駕駛著一部履帶車，往模擬火星表面的小山丘駛去，由於加速不足，官聖的車不但沒有成功越過山丘，反而倒退溜回原處；而雅妍的車，則是輕巧的越過山丘後，再繞回原處與官聖會合。

「好氣餒喔！我都開不過去！」官聖不開心且滿臉失望地說，「車子的輸出力不夠，讓我上不了這個小山坡，等等跟技術人員討論如何增加車子的輸出動力。」

雅妍下車走向官聖，輕輕吻了一下他的臉頰鼓勵他，「其實，能量夠不夠的確會影響你的車能不能爬上山坡，這讓我想起『活化複合體』的理論。」

「『活化複合體』，虧你想到這個理論，」官聖嘟著嘴巴這麼說著，「我知道你的意思：我過不了這個山丘的原因，就好像反應粒子的動能不足，無法克服能量障礙，就沒辦法變成『活化複合體』，也就沒辦法完成反應，就好像要越過這座小山丘一樣。」

雅研溫柔地點點頭，嫣然一笑，看在官聖的眼裡，他的心都要融化了，「好！YOSHI!」官聖握拳地高聲叫道，「相信我只要加快速度，就可以提高動能，飛越山丘！」他頭抬的好高，充滿雄心壯志。

「嗯……其實，」雅妍抿了抿嘴，俏皮地說，「其實你體重再減個幾公斤，跟我一樣苗條輕盈的話，應該也可以達成目標啦……」

1 反應速率概說

「化學動力學（chemical kinetics）」，是研究化學反應的快慢，即反應速率（rate of reaction）的科學。要討論反應速率，就必須認識「碰撞理論（collision theory）」：參與化學反應的粒子必須相互碰撞且越過能量障礙，才能形成「活化複合體（activated complex）」，進而轉變為產物。

所謂「反應速率」的定義，首先提到的是「平均反應速率（average rate of reaction）」：化學反應在進行時，反應物的量會隨時間而減少，產物的量則隨時間而增多。所以反應速率（r）可以單位時間內反應物的消耗量或產物的增加量來表示。

$$反應速率 r = \frac{反應物消耗量}{時間間隔 \Delta t} \quad 或 \quad \frac{產物增加量}{\Delta t}$$

任取一段時間間隔（Δt），所測得的反應速率稱為平均反應速率。

反應速率通常以濃度對時間的變化率來表示。在此，我們以下面方程式為例：

$$aA_{(g)} + bB_{(g)} \rightarrow cC_{(g)} + dD_{(g)}$$

一、反應的反應速率，可以反應物A的濃度([A])之消耗速率（r_A）來表示。

$$r_A = -\frac{\Delta[A]}{\Delta t}$$

二、同理，可得B的消耗速率（r_B）、C的生成速率（r_C）及D的生成速率

反
應
速
率
與
化
學
平
衡

（r_D）如下：

$$r_B = -\frac{\Delta[B]}{\Delta t}, \quad r_C = \frac{\Delta[C]}{\Delta t}, \quad r_D = \frac{\Delta[A]}{\Delta t}$$

習慣上，將反應速率定為正值，由於反應物的濃度隨時間的變化而減少，故需加上「－」號，使r_A與r_B成為正值。

當Δt趨近於0，即某一瞬間時，所求得的反應速率稱為「瞬時反應速率（instantaneous rate ofreaction）」；而在反應一開始所測得的瞬時反應速率稱為「反應初速率（initial rate of reaction）」。

三、根據化學計量可知，反應時各物質濃度的變化量比與反應式的係數比相同，即$r_A : r_B : r_C : r_D = a : b : c : d$。因此，反應$aA_{(g)} + bB_{(g)} \rightarrow cC_{(g)} + dD_{(g)}$的反應速率之間的關係可表示為：

$$-\frac{1}{a}\frac{\Delta[A]}{\Delta t} = -\frac{1}{b}\frac{\Delta[B]}{\Delta t} = \frac{1}{c}\frac{\Delta[C]}{\Delta t} = \frac{1}{d}\frac{\Delta[D]}{\Delta t}$$

而對氣相反應而言，也可用各成分氣體的壓力對時間的變化率來表示反應速率。由理想氣體方程式：$PV = nRT$，可推知$P = C_M RT$，故P正比於C_M（定溫下）。如：

$$aA_{(g)} + bB_{(g)} \rightarrow cC_{(g)} + dD_{(g)}$$

一、$r_A = -\dfrac{\Delta P_A}{\Delta t}, \quad r_B = -\dfrac{\Delta P_B}{\Delta t}, \quad r_C = \dfrac{\Delta P_C}{\Delta t}, \quad r_D = \dfrac{\Delta P_D}{\Delta t}$

二、當反應式左、右兩邊氣體物質的係數和不相等時，系統的總壓會隨時間改變，亦可用總壓的變化來表示反應速率，即$r_{總壓} = \dfrac{\Delta P_{總壓}}{\Delta t}$，且$r_A : r_B : r_C : r_D : r_{總壓} = a : b : c : d : |(c + d) - (a + b)|$。

三、反應速率之間的關係：

$$-\frac{1}{a}\frac{\Delta P_A}{\Delta t} = -\frac{1}{b}\frac{\Delta P_B}{\Delta t} = \frac{1}{c}\frac{\Delta P_C}{\Delta t} = \frac{1}{d}\frac{\Delta P_D}{\Delta t} = \frac{1}{|(c + d) - (a + b)|}\frac{\Delta P_{總壓}}{\Delta t}$$

下面就以濃度與時間關係圖說明平均反應速率、瞬時反應速率及反應初速率：（以雙氧水分解產生氧氣與水為例）

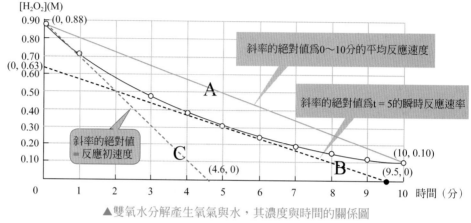

▲雙氧水分解產生氧氣與水，其濃度與時間的關係圖

1. 黑色曲線為雙氧水的濃度隨時間之變化曲線；虛線A為t = 0分與t = 10分時兩點的割線，其斜率的絕對值為此反應在0～10分的平均反應速率。

2. 虛線B為t = 5分時的切線，其斜率的絕對值為此反應在t = 5分的瞬時反應速率。

3. 虛線C為t = 0分時的切線，其斜率的絕對值為此反應的反應初速率。

反應速率的測定，必須量測到反應前、後的具體變化量與反應時間，需依反應物或產物的特性，選擇適當的物理量來測量：

一、顏色

如：無色的四氧化二氮（N_2O_4）氣體分解成紅棕色的二氧化氮（NO_2）氣體之反應。

二、沉澱物

如：硫代硫酸鈉溶液（$Na_2S_2O_3$）與鹽酸（HCl）反應生成黃色的硫（S）沉澱。

三、壓力或體積

如：$O_{2(g)} + 2NO_{(g)} \rightarrow 2NO_{2(g)}$

四、導電度

如：$Ba(OH)_2$強電解質 + H_2SO_4強電解質→H_2O + $BaSO_4$難溶鹽導電度下降。

五、pH 值

如：酯化反應酸性反應物變成中性的酯類生成物。

有趣線上影片／爆炸的乾燥劑

範例：反應速率的表示

氯氣分解的反應為 $Cl_{2(g)} \rightarrow 2Cl_{(g)}$，有關其反應速率的關係式，何者正確？

(A) $-\dfrac{\Delta[Cl_2]}{\Delta t} = -\dfrac{\Delta[Cl]}{\Delta t}$

(B) $-2\dfrac{\Delta[Cl_2]}{\Delta t} = -\dfrac{\Delta[Cl]}{\Delta t}$

(C) $-2\dfrac{\Delta[Cl_2]}{\Delta t} = \dfrac{[Cl]}{\Delta t}$

(D) $-\dfrac{\Delta[Cl_2]}{\Delta t} = 2\dfrac{\Delta[Cl]}{\Delta t}$。

答案：(C)

解析

$$-\frac{1}{1}\frac{\Delta[Cl_2]}{\Delta t} = \frac{1}{2}\frac{\Delta[Cl]}{\Delta t}$$

$$\Rightarrow -2\frac{\Delta[Cl_2]}{\Delta t} = \frac{\Delta[Cl]}{\Delta t}$$

範例：濃度與時間關係圖

有一反應式為2甲+乙 → 丙+ 3丁，且甲的濃度與反應時間之關係如附圖，Q點的切線$\overrightarrow{AB}$，A(0, 15)，B(60, 0)，Q(20, 10)。下列敘述何者正確？

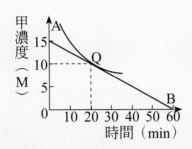

(A) 在Q點時，甲的速率為−5.0Mmin^{-1}

(B) 在Q點時，甲的速率為2.0Mmin^{-1}

(C) 在Q點時，乙的速率為3.0Mmin^{-1}

(D) 在Q點時，丙的速率為0.25Mmin^{-1}

(E) 在Q點時，丙的速率為0.125Mmin^{-1}。

答案：(E)

解析

Q點的切線$\overrightarrow{AB}$斜率絕對值為甲在20min時的瞬時反應速率，故在20min時

$$r_甲 = -\frac{\Delta[甲]}{\Delta t} = -\frac{0-15}{60-0} = 0.25 \text{（Mmin}^{-1}\text{）}$$

又$r_甲 : r_乙 : r_丙 : r_丁 = 2 : 1 : 1 : 3$，故$r_乙 = 0.125$（M min^{-1}）、$r_丙 = 0.125$（M min^{-1}）、$r_丁 = 0.375$（M min^{-1}）

範例：測定反應速率的判斷依據

下列反應，何者可運用〔 〕內的變化來測量其反應速率？

(A) $N_2O_{4(g)} \rightarrow 2NO_{2(g)}$ 〔沉澱量〕

(B) $CO_{(g)} + NO_{2(g)} \rightarrow CO_{2(g)} + NO_{(g)}$ 〔定容下，測系統的總壓力〕

(C) $H_2SO_{4(aq)} + Ba(OH)_{2(aq)} \rightarrow BaSO_{4(s)} + 2H_2O_{(l)}$ 〔導電度〕

(D) $AgNO_{3(aq)} + HCl_{(aq)} \rightarrow AgCl_{(s)} + HNO_{3(aq)}$ 〔定壓下，測系統的體積變化〕。

答案：(C)

解 析

(A)(B)顏色。

(D)AgCl沉澱量。

　　多數化學反應速率的快慢會受到反應物濃度的影響，因此將反應速率與反應物濃度間的數學關係式，稱為「速率定律（rate law）」或「速率方程式（rate equation）」。例如：反應$aA + bB \rightarrow cC + dD$的速率定律可表示為$r = k[A]^m[B]^n$

一、m為反應物A的反應級數，n為反應物B的反應級數，(m + n)值為該反應的總級數

二、m與n值可以是整數或非整數，其值僅能由實驗求得。

三、k稱為速率常數（rate constant），其單位為$M^{[1 - (m + n)]} t^{-1}$，與反應的總級數有關。

由$r = k[A]m[B]n$得知$k = \dfrac{r}{[A]m[B]n}$，又r的單位為$\dfrac{M}{t}$、[A]與[B]的單位

均為M，故k的單位$= \dfrac{\dfrac{M}{t}}{Mm \times Mn} = M^{[1-(m+n)]}\, t^{-1}$

四、k值大小與反應物的本質、溫度、接觸面積及催化劑等因素有關，與反應物的濃度與壓力無關。

　　一般反應為「多步驟反應」（詳見第二節說明），若反應為單一步驟的所謂「基本步驟（elementary step）」反應時，則m恰等於a，n恰等於b。

　　所以，我們就以實驗來求得速率方程式（以$2NO_{(g)} + O_{2(g)} \rightarrow 2NO_{2(g)}$為例）：一氧化氮和氧氣的濃度與反應速率之關係如下表：

實驗編號	反應物初濃度（M）		NO$_2$生成的初速率（Ms^{-1}）
	[NO]	[O$_2$]	
1	1.30×10^{-2}	1.10×10^{-2}	3.20×10^{-5}
2	1.30×10^{-2}	2.20×10^{-2}	6.40×10^{-5}
3	1.30×10^{-2}	1.30×10^{-2}	12.8×10^{-5}

實驗編號	反應物初濃度（M）		NO$_2$生成的初速率（Ms^{-1}）
	[NO]	[O$_2$]	
1	1.30×10^{-2}	1.10×10^{-2}	3.20×10^{-5}
2	1.30×10^{-2}	2.20×10^{-2}	6.40×10^{-5}
3	1.30×10^{-2}	1.30×10^{-2}	12.8×10^{-5}

當一氧化氮濃度固定不變時，氧氣的濃度增為2倍，反應速率也增為2倍，表示反應速率r與氧氣濃度的一次方成正比。而氧氣的濃度固定時，一氧化氮的濃度增為2倍，反應速率增為4倍，表示反應速率r與一氧化氮濃度的平方成正比。由此得知，其速率定律可表示為$r = k[NO]^2[O_2]$；NO的反應級數為2，O_2的反應級數為1，反應的總級數則為3。最後，將實驗的數據代入$r = k[NO]^2[O_2]$式中，可計算得到k值$= 1.72 \times 10^1 \ M^{-2} \ s^{-1}$。

範例：速率方程式

在1100K，$2H_{2(g)} + 2NO_{(g)} \rightarrow 2H_2O_{(g)} + N_{2(g)}$的速率方程式為$r = k[H_2][NO]^2$，下列敘述何者正確？

(A) 壓縮使體積變為原來的一半，反應速率變為原來的八倍

(B) 將H_2的分壓增加一倍，反應速率變為原來的四倍

(C) 將NO的分壓增加一倍，反應速率變為原來的兩倍

(D) k是反應速率常數，因其為常數，故其數值不隨單位之改變而改變。

答案：(A)

解析

(A)體積減半，則濃度加倍，三級反應的速率變為八倍。

(B)應為兩倍。

(C)應為四倍。

(D)k值會隨單位之改變而改變。

範例：實驗求得速率方程式

氣體A與氣體B會互相反應，A及B在各種濃度下，測得其反應初速率如附表所列：

實驗	A 濃度（M）	B 濃度（M）	初速率（M min^{-1}）
1	0.10	0.10	12
2	0.10	0.20	24
3	0.20	0.30	144
4	0.30	0.30	324

若A濃度為0.50M，B濃度為0.05M，則初速率應為多少Mmin^{-1}？

(A) 15　(B) 30　(C) 75　(D) 150　(E) 200。

答案：(D)

解析

由實驗1和2可知r $\propto$ [B]

由實驗3和4可知r $\propto$ [A]^2

$\therefore$ r = k[A]^2[B]

故 $\dfrac{r}{12} = \dfrac{k\,(0.50)^2\,(0.05)}{k\,(0.10)^2\,(0.10)}$　$\therefore$ r = 150（M min^{-1}）

在速率定律中，反應物濃度的指數總和為0時，稱為「零級反應（zero-order reaction）」；反應物濃度的指數總和為1時，稱為「一級反應（first-order reaction）」；反應物濃度的指數總和為2時，稱為「二級反應（second-order reaction）」。又反應物濃度降到原濃度的一半時，所需要的時間稱為「半生期（half-life, $t_{\frac{1}{2}}$）」。

首先，我們先探討零級反應：($aA \rightarrow bB + cC$ 為例)

零級反應的速率定律可表為 $r = k[A]^0 = k$，零級反應的反應速率為定值與反應物濃度無關：因反應速率為定值，所以在相同時間間隔內，濃度是以等差級數遞減。直線斜率的絕對值即為速率常數k。

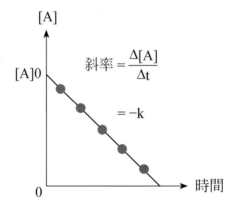

若以反應物濃度對時間作圖，可得到直線。

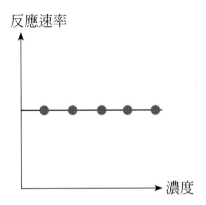

　以固態催化劑催化氣體分解的反應常為零級反應。零級反應的半生期與反應物的原濃度成正比。

　一樣以aA → bB + cC為例，一級反應的速率定律可表為r = k[A]，即反應速率與反應物濃度的一次方成正比。

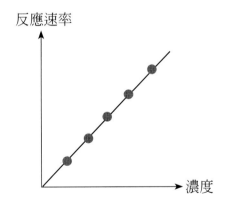

　在相同時間間隔，濃度是以等比數列遞減，故反應速率亦遞減。一級反應之反應物濃度與時間關係中，各點的切線斜率都不一樣，即其瞬時反

應速率皆不相同。

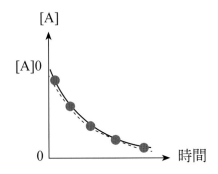

若以反應物濃度的log值對時間作圖，可得到直線。

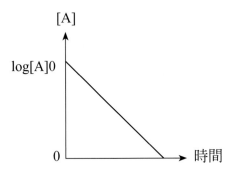

　　一級反應的半生期與反應物的原濃度無關。對一級反應而言，若N_0表示反應物原來的量（如粒子數、莫耳數、濃度、壓力等），半生期為$t_{1/2}$；經過T時間後，反應物的量為N，則$N = N_0 \left(\dfrac{1}{2}\right)^{\frac{T}{t_{1/2}}}$。

半生期的運用上，「碳-14定年法」為最常見的應用。在生物體的組織中，含有碳-12（^{12}C）、碳-13（^{13}C）及微量的放射性同位素碳-14（^{14}C），^{14}C的半生期為5730年。當生物體死亡後，因不再攝取含碳物質，原有的碳-14會衰變，故其含量逐漸降低，因此，可以根據死亡生物體體內碳-14的殘餘量，來推斷它的存在年代。

　　我們仍以$aA \rightarrow bB + cC$為例來討論二級反應。二級反應的速率定律可表為$r = k[A]^2$，即反應速率與反應物濃度的二次方成正比。

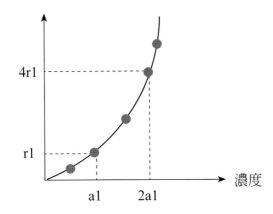

　　以反應物濃度的倒數對時間作圖，可得到直線。

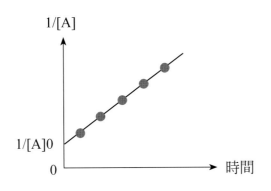

二級反應的半生期與反應物的初濃度成反比關係，即反應物的初濃度愈大，半生期愈短。

推導之後得知：

零級反應的半生期為 $t_{\frac{1}{2}} = \dfrac{[A]_0}{2k}$，半生期跟初濃度成正比；

一級反應的半生期為 $t_{\frac{1}{2}} = \dfrac{0.693}{k}$，半生期跟初濃度無關；

二級反應的半生期為 $t_{\frac{1}{2}} = \dfrac{1}{k[A]_0}$，半生期跟初濃度成反比。

範例：反應級數

若速率方程式 $r = k[A]^m[B]^n$ 中，反應速率常數 $k = 0.5 min^{-1}$，求此反應為幾級反應？

(A) 三　(B) 二　(C) 一　(D) 零　級。

答案：(C)

由反應速率常數 k 值單位為 min^{-1}，可知為一級反應。

反應速率與化學平衡

18

範例：反應級數

在 $2A + 2B \rightarrow 2C + D$ 之反應中，由實驗獲得如附表資料：

實驗次數	[A]（M）	[B]（M）	$\dfrac{\Delta[D]}{\Delta t}$（M s^{-1}）
1	0.10	0.10	0.5×10^{-2}
2	0.10	0.30	1.5×10^{-2}
3	0.20	0.30	6.0×10^{-2}

下列敘述何者正確？

(A) 此反應為三級反應

(B) 反應速率常數 $k = 5.0$ M^{-2} s^{-1}

(C) 當 [A] = 0.30M，[B] = 0.20M時，$\dfrac{\Delta[D]}{\Delta t} = 9 \times 10^{-2}$ M s^{-1}

(D) [B]之變化對反應速率的影響比[A]之變化大

(E) 速率方程式為 $r = k[A][B]^2$。

答案：(A)(B)(C)

解析

(A)(E)設 $r = k[A]^m[B]^n$

由實驗1和2：

$$\frac{1.5 \times 10^{-2}}{0.5 \times 10^{-2}} = \frac{k\,(0.10)^m\,(0.30)^n}{k\,(0.10)^m\,(0.10)^n} \text{，} n = 1$$

同理可求得m = 2，即r = k[A]^2[B]

(B) $0.5 \times 10^{-2} = k \times (0.10)^2 \times 0.10$　　$\therefore k = 5.0M^{-2}s^{-1}$

(C) 由$r = k[A]^2[B] = 5.0 \times (0.30)^2 \times 0.20 = 9 \times 10^{-2} (Ms^{-1})$

(D) [A]之變化對反應速率的影響比[B]大。

範例：反應級數

在固定體積的密閉容器內，置入X和Y兩種氣體反應物後，會生成一種Z氣體產物，附圖表示反應物和產物的濃度隨反應時間的變化關係。下列哪項的敘述正確？

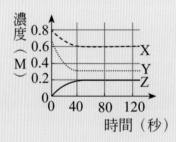

(A) X和Y的化學反應式：$X + 2Y \rightarrow Z$

(B) X和Y的化學反應式：$X + Y \rightarrow Z$

(C) 在40秒內，X的消耗速率為$0.02Ms^{-1}$

(D) 承(C)，Y的消耗速率為$0.01Ms^{-1}$

(E) 承(C)，Z的生成速率與X的消耗速率相同。

答案：(A)(D)(E)

解析

(A)(B)由反應式係數比＝變化量的比

則係數比X：Y：Z＝－(0.6－0.8)：－(0.3－0.7)：(0.2－0)＝1：2：1

即反應式為X + 2Y → Z

(C)$r_X = -\dfrac{\Delta[X]}{\Delta t} = -\dfrac{0.6 - 0.8}{40 - 0} = 5 \times 10^{-3}$（$Ms^{-1}$）

(D)由r_X：r_Y＝1：2 ⇒ $r_Y = 2r_X = 2 \times 5 \times 10^{-3} = 0.01$（$Ms^{-1}$）

2 碰撞理論

　　德國特勞茲（M. Trautz, 1880～1960）與英國路易斯（W. Lewis, 1885～1956）兩位科學家，分別在1916年與1918年提出「碰撞理論」。他們認為：反應物粒子必須互相碰撞，才可能發生化學反應。

　　即使碰撞，反應也不一定會成功，所以，碰撞成功所屬的碰撞，稱為「有效碰撞（effective collision）」。要發生有效碰撞必須要有下面兩個條件：

一、動能是否足夠：碰撞粒子需具備某最低動能，此動能稱為「低限能（threshold energy）」，才能提供足夠的能量來進行化學鍵的改變。低限能理論是阿瑞尼斯（S. A. Arrhenius, 1859～1927）提出的。阿瑞尼斯認為反應需克服某能量障礙才能發生，因反應的實際速率較理論推論的速率慢。

二、碰撞位向是否適當：適當的碰撞位向有助於新的鍵結生成。

如：$NH_{3(g)} + HCl_{(g)} \rightarrow NH_4Cl_{(s)}$

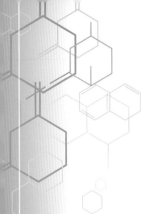

(A) 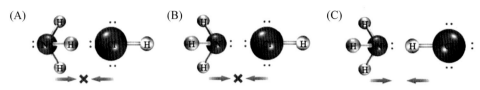 (B) (C)

▲氨和氯化氫的可能碰撞位向，(A) 和 (B) 為不適當的位向，(C) 為適當的位向。

範例：碰撞位向

對於反應 $CO + NO_2 \rightarrow CO_2 + NO$，下列何者為有效碰撞的位向？

(A) $C\equiv O$ $O{-}N\overset{O}{=}$
$\rightarrow$ $\leftarrow$

(B) $C\equiv O$ $N\overset{O}{\underset{O}{=}}$
$\rightarrow$ $\leftarrow$

(C) $O\equiv C$ $N\overset{O}{\underset{O}{=}}$
$\rightarrow$ $\leftarrow$

(D) $O\equiv C$ $O{-}N\overset{O}{=}$ 。

答案：(D)

可由 CO_2 的結構式判斷：$O = C = O$

　　將粒子數與其所對應的動能作圖，所得之曲線圖稱為「粒子動能分布

曲線圖」。具有高動能與低動能的粒子占少數，大多數的粒子之動能較接近平均值。動能超過低限能的粒子才可能發生反應。

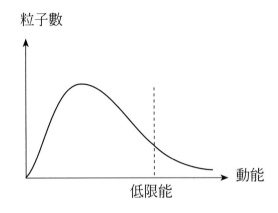

波拉尼（M. Polanyi, 1891～1976）等科學家認為：在反應過程中，當反應物彼此碰撞生成產物之前，會先形成一種具有高位能、極不穩定的過渡狀態，稱為「活化複合體」，又稱為「活化錯合物」。活化複合體的原鍵結未完全破壞，新鍵結也未完全形成，可轉變成產物，也可能變回原來的反應物。以$2BrNO_{(g)} \rightarrow Br_{2(g)} + 2NO_{(g)}$為例，其活化複合體可表示如下：

破壞中的原鍵結

O ＝ N ··· Br ··· Br ···N ＝ O

形成中的新鍵結

活化複合體與反應物間的位能差，稱為「活化能（activation energy, E_a）」。活化能可分為「正反應活化能（E_{a}, f：forward）」與「逆反應活

化能（E_{ar}，r：reverse）」。正反應活化能為活化複合體與反應物間的位能差、逆反應活化能為活化複合體與產物間的位能差。而活化能的大小與反應物的本質有關：在相同條件下，活化能愈大的反應，其反應速率愈慢；反之，活化能愈小的反應，其反應速率則愈快。

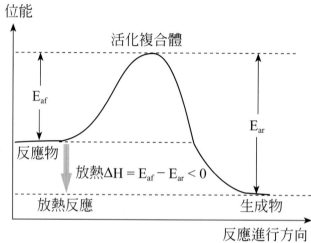

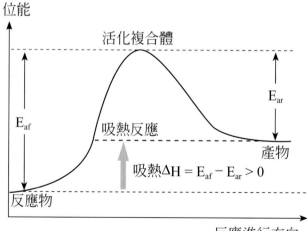

將反應物、化複合體及產物的位能與反應過程作圖，所得之圖稱為「反應位能圖」。

　　將正反應活化能與逆反應活化能相減$E_{af} - E_{ar}$，可得該反應的反應熱ΔH。若$E_{af} > E_{ar}$則為吸熱反應（$\Delta H > 0$），反之則為放熱反應。以臭氧和一氧化氮反應生成氧氣與二氧化氮為例：該反應為放熱反應，臭氧和一氧化氮碰撞後會先形成活化複合體，之後才能轉變成氧氣與二氧化氮，其反應位能圖如下所示：

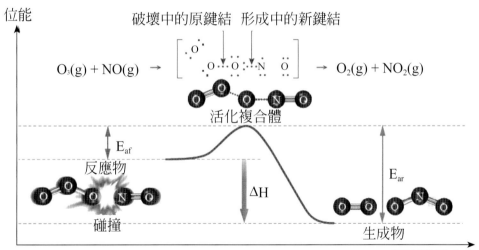

附圖為氫與碘的反應位能圖：已知正反應活化能為84kJ，逆反應活化能為92kJ。下列何者錯誤？

(A) 反應熱為−8kJ

(B) 逆反應為吸熱反應

(C) 正反應的活化能相當於附圖中的A

(D)逆反應較容易進行。

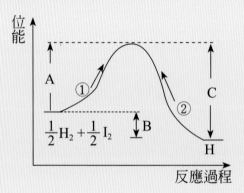

答案：(D)

解析

(A)$\Delta H = E_a - E_a' = 84 - 92 = -8$（kJ）

(B)逆反應的$\Delta H = 8$kJ，為吸熱反應

(D)活化能愈大，反應速率愈慢。

根據碰撞學說：粒子間發生碰撞，同一時間以兩個粒子相互碰撞的機率最高。若反應物若有2個以上，則反應是分成數個反應步驟進行，這些步驟即稱「反應機構」。大多數的化學反應是經由連續性多步驟的反應機構所完成，每一步驟反應都是「基本步驟」，其中反應速率最慢的步驟，稱為「速率決定步驟（rate-determining step）」，此步驟決定整個反應的反應快慢。

繼續探討「反應機構」。首先，我們先了解何謂「基本步驟」。前面提過，速率定律中的反應物濃度級數，即為該反應式的係數。

例如：若A + B → C為基本步驟，其速率定律為r = k[A][B]

又如：A + 2B → D + E為基本步驟，其速率定律為r = k[A][B]^2

所以，合理的反應機構即為：所有基本步驟相加會得到該反應的反應式，且由反應機構推導出的速率定律，應與實驗結果一致。例如二氧化氮和一氧化碳反應生成一氧化氮和二氧化碳，反應式為$NO_{2\ (g)}$ + $CO_{(g)}$ → $NO_{(g)}$ + $CO_{2\ (g)}$

由實驗得知其速率定律為r = k[NO_2]^2，假設其反應機構如下：

第一步驟：$NO_{2(g)}$ + $NO_{2(g)}$ → $NO_{3(g)}$ + $NO_{(g)}$（慢）

第二步驟：$NO_{3(g)}$ + $CO_{(g)}$ → $NO_{2(g)}$ + $CO_{2(g)}$（快）

將兩步驟相加得原反應式，由速率決定步驟為第一步驟，可得速率定律為r = k[NO_2]^2，NO_3稱為此反應的「中間產物（intermediate）」。中間產物是指在一個非單一步驟反應中，由反應物轉化為產物的過程中所出現的中間物質（分子、原子或離子），其可再轉化為反應物、下一個中間產物或是產物。

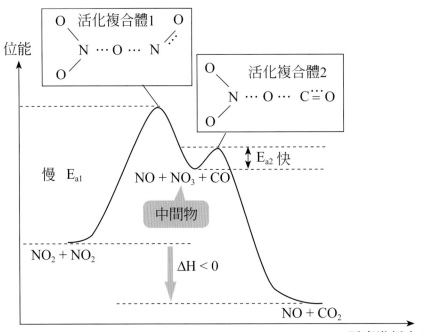

趣味實驗影片 / 防疫大作戰

範例：反應機構

已知某反應的反應機構如下：

$$A_{(g)} + B_{(g)} \rightarrow C_{(g)} + D_{(g)}$$
$$2C_{(g)} \rightarrow F_{(g)}$$
$$F_{(g)} + B_{(g)} \rightarrow 2A_{(g)} + G_{(g)}$$

下列敘述何者錯誤？

(A) 反應物有兩種

(B) 中間產物有兩種

(C) 定溫、定容下，該反應系統總壓不變

(D) 產物有兩種

(E) B為催化劑。

答案：(A)(E)

解析

$$2A_{(g)} + 2B_{(g)} \rightarrow 2C_{(g)} + 2D_{(g)}$$
$$2C_{(g)} \rightarrow F_{(g)}$$
$$+)\quad \underline{F_{(g)} + B_{(g)} \rightarrow 2A_{(g)} + G_{(g)}}$$
$$3B_{(g)} \rightarrow 2D_{(g)} + G_{(g)}$$

故可知反應物為B，中間產物為C和F，產物為D和G，催化劑為A。

範例：反應機構

關於附圖反應之敘述，何者正確？

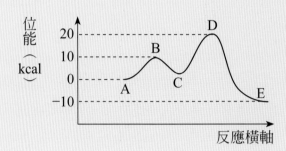

(A) 中間產物為C

(B) 反應機構為 $\begin{cases} A \to B \\ B \to C \\ C \to D \\ D \to E \end{cases}$

(C) 反應機構 $\begin{cases} A \to C（快）\\ C \to E（慢）\end{cases}$

(D) 活化能：20 kcal；反應熱：10 kcal

(E) 活化複合體為B和D。

答案：(A)(C)(E)

 解析

(A)(E)由題圖可知，反應物為A，活化複合體為B和D，反應中間產物為C，產物為E。

(D)由題圖可知，正反應活化能E_a為20kcal，反應熱ΔH為 −10kcal。

反應速率與化學平衡

30

3 影響反應速率的因素

　　影響反應速率的因素包括反應物的本質、濃度、接觸面積、溫度及催化劑等。

一、本質

　　新北市瑞芳區金瓜石在昔時採礦期間，由於礦山岩層外露加上台灣東北部雨水豐沛，雨水流經岩層滲入地底之後，與地質內的「黃鐵礦（二硫化亞鐵，FeS_2）」與「硫砷銅礦（Cu_3AsS_4，主要由銅、砷、硫所構成）」接觸，再經由氧化還原緩慢作用後排出，使得岩石呈現金黃的色澤，造成「黃金瀑布」這個特殊景觀（如下照片）。氧化還原反應的反應速率，快至燃燒、慢至礦坑造成黃金瀑布的變化，皆與反應物本質和反應條件有關。

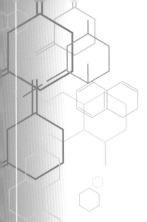

多數化學反應發生時，會有化學鍵的斷裂或形成，故反應速率主要是由化學鍵的變化來決定。在反應過程中，未涉及化學鍵的破壞者、或化學鍵生成較少者，其反應速率通常較快。例如：酸鹼中和反應、離子沉澱反應及僅涉及電子轉移的氧化還原反應等。

$$H^+_{(aq)} + OH^-_{(aq)} \rightarrow H_2O_{(l)}$$
$$Ag^+_{(aq)} + Cl^-_{(aq)} \rightarrow AgCl_{(s)}$$
$$Ce^{4+}_{(aq)} + Fe^{2+}_{(aq)} \rightarrow Ce^{3+}_{(aq)} + Fe^{3+}_{(aq)}$$

在反應過程中涉及化學鍵的破壞與生成者，其反應速率通常較慢。例如：酯化反應

$$CH_3COOH_{(l)} + C_2H_5OH_{(l)} \rightarrow CH_3COOC_2H_{5(l)} + H_2O_{(l)}$$

又活性大的物質，反應速率較快。例如：鈣的活性大於鎂，鈣會與水反應立即產生氫氣，但同族的鎂則否。又如：鹵素的活性大小順序為 $F_2 > Cl_2 > Br_2 > I_2$，氟和氫氣在常溫下容易進行反應，其他則反應速率較慢。

範例：本質與反應速率

室溫時，下列何者反應最慢？

(A) $Ag^+_{(aq)} + Cl^-_{(aq)} \rightarrow AgCl_{(s)}$

(B) $HCl_{(aq)} + NaOH_{(aq)} \rightarrow NaCl_{(aq)} + H_2O_{(l)}$

(C) $5C_2O_4^{2-}_{(aq)} + 2MnO_4^-_{(aq)} + 16H^+_{(aq)} \rightarrow 10CO_{2(g)} + 2Mn^{2+}_{(aq)} + 8H_2O_{(l)}$

(D) $CH_3COOH_{(l)} + C_2H_5OH_{(l)} \rightarrow CH_3COOC_2H_{5(l)} + H_2O_{(l)}$。

答案：(D)

解析

一般在室溫時，酸鹼中和的反應速率最快，而沉澱次之，有機反應及燃燒最慢，故反應速率的快慢為(B) > (A) > (C) > (D)。

二、濃度與接觸面積

在反應中，所有反應物能混合成單一相而沒有界面者，稱為「勻相反應（homogeneous reaction）」，反應物不能混合成單一相者，稱為「不勻反應（heterogeneous reaction）」。

在勻相反應中，由速率定律$r = k[A]^m[B]^n$，得知反應速率與反應物濃度冪次方的乘積成正比，因為反應物濃度增加時，反應粒子間的碰撞頻率增加，故增加反應物濃度會使反應速率增快。

而不勻反應中，反應速率則與濃度和接觸面積有關：反應物的濃度愈大或反應物間的接觸面積愈大，反應愈快，如奶粉（如下照片）。

　　2015年6月27日晚間，新北市八里區八仙水上樂園舉辦的彩色派對，會場中所使用的彩色玉米粉塵突然爆炸起火（如下照片），造成約500名遊客灼傷，甚至有遊客因嚴重灼傷而失去性命，重傷的遊客，復健之路也相當辛苦。此次彩色派對的現場所噴灑大量彩色玉米粉，是為可燃性粉塵，在現場有高熱、有火源的情況下，粉塵接觸到火源即刻被點燃，就是因為粉塵表面積大、反應速率快，才會造成嚴重爆炸，而爆炸瞬間所產生的高溫、高壓空氣急速擴散，遊客根本來不及疏散，才會造成非常嚴重的傷亡。此一重大公共安全事件，也讓國內民眾了解到粉塵爆炸的嚴重性。

當粒子在奈米尺度時，其表面原子占所有原子的比例會增加，導致粒子表面能量升高。因此奈米粒子具有比塊材更大的表面活性；又奈米材料的比表面積遠大於塊材，此種表面能量升高與比表面積增加的現象，稱為「奈米表面效應」。

範例：濃度與反應速率

將鐵釘分別置於兩試管中（如附圖所示）幾天後，發現其中一試管的鐵釘生鏽較多；在這實驗中影響生鏽速率的因素為何？

(A)溫度 　(B)濃度 　(C)顆粒大小 　(D)催化劑。

答案：(B)

解析

空氣中氧的濃度較純氧為小，故生鏽速率較慢。

三、溫度

溫度的變化會使粒子的運動速率與動能發生改變。故不論是吸熱反應或是放熱反應，溫度升高，反應速率均變快。主要原因是因為溫度升高時，粒子的平均動能增加，即超過低限能的粒子數增多，使得有效的碰撞

頻率（有效碰撞次數除以總碰撞次數的比值）增加（溫度與催化劑會改變有效碰撞分率），因此反應速率變快。另外溫度升高時，反應粒子的運動速率變快，碰撞頻率增大，所以反應速率增大，這是次要原因。

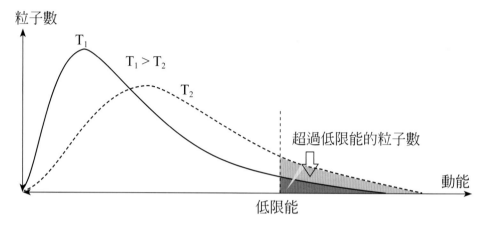

一般而言，溫度每升高10 ℃，反應速率約增為兩倍（在常溫時，活化能約為50 kJ/mol的反應才適用），即 $\dfrac{r_2}{r_1} = 2^{\frac{\Delta T}{10}}$ 。所以，在夏天高溫時，食物應存放在冰箱才容易保鮮，否則容易腐敗，就是這個原因。

這是剛買回來的蛋糕，一定很好吃！

但這種蛋糕因澱粉與蔗糖含量高，熱量也很高，一次不要吃太多，切一塊來吃就好！

剩下的蛋糕放進冰箱，這樣才不容易變壞！

範例：溫度與反應速率

$H_{2(g)} + I_{2(s)} \rightleftharpoons 2HI_{(g)}$，$\Delta H = 6.2 \ kcal \ mol^{-1}$，溫度升高，正、逆反應速率以下列何圖表示最佳？（橫坐標爲溫度，縱坐標爲速率）

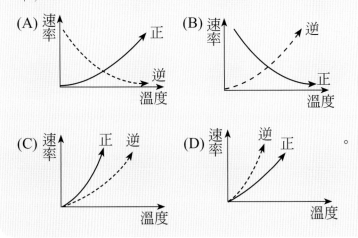

答案：(C)

解析

溫度升高，不論吸熱或放熱反應，速率均變快，但吸熱反應速率增快較多，反應有利於吸熱的方向。

四、催化劑

催化劑（catalyst）又稱爲「觸媒」，是一種添加於反應物中，以增加反應速率的物質，它會參與反應，但不被消耗。另可使反應速率降低的物質稱爲「抑制劑（inhibitor）」。

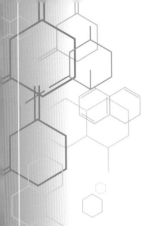

　　催化劑在反應中，會與反應物形成位能較低的活化複合體，降低反應所需的活化能。另外，催化劑能提供另一條活化能較低的反應途徑，使有效碰撞頻率增加。以上都是催化劑能加速反應的進行的原因。

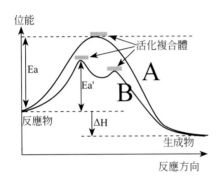

A 未加入催化劑時的反應途徑　　B 加入催化劑之後的反應途徑　　Ea：未加入催化劑時所需的活化能　　Ea'：加入催化劑之後所需的活化能

　　對於催化劑，可以分類為「勻相催化劑（homogeneous catalyst）」與「不勻相催化劑（heterogeneous catalyst）」。催化劑與反應物為同一相者，稱為勻相催化劑，所進行的反應稱為「勻相催化反應」。例如：使用亞鐵離子（Fe^{2+}）當催化劑，加速雙氧水分解的反應。

$$2H_2O_{2(aq)} \xrightarrow{\ Fe^{2+}_{(aq)}\ } 2H_2O_{(l)} + O_{2(s)}$$

　　另外一個著名的例子就是以「鉛室法」製硫酸。1946年，英國人羅巴克（J. Roebuck, 1718～1794）利用鉛板製成的反應室來製備硫酸而得名，當時所得硫酸純度不高，現在大多採用接觸法並利用$NO_{2(g)}$為催化劑來製備

硫酸。

　而催化劑與反應物兩者不同相時，該催化劑稱爲不勻相催化劑，所進行的反應稱爲「不勻相催化反應」。例如：哈柏法製氨，以鐵粉爲催化劑：

$$N_{2(g)} + 3H_{2(s)} \xrightarrow{\text{Fe}} 2NH_{3(g)}$$

　改變催化劑的接觸面積或濃度等，更能發揮催化劑效應，例如：奈米銀，即利用前述的「奈米表面效應」。

　事實上，同一個反應，可能不只有一種催化劑，例如過氧化氫的分解，其催化劑可爲$Br_{2(aq)}$、$Fe^{2+}_{(aq)}$、$Fe^{3+}_{(aq)}$或$MnO_{2(s)}$。而有些催化劑能催化多種反應，例如：$MnO_{2(s)}$可催化過氧化氫與氯酸鉀的分解。再者相同的反應物，在不同的反應條件下（溫度、壓力及催化劑等），可生成不同的產物。例如：

$$CO_{(g)} + 3H_{2(g)} \xrightarrow[100^\circ C,\ 1\ atm]{\text{Ni(s)}} CH_{4(g)} + H_2O_{(l)}$$

$$CO_{(g)} + 2H_{2(g)} \xrightarrow[400^\circ C,\ 500\ atm]{Cr_2O_3 \cdot ZnO(s)} CH_3OH_{(g)}$$

　而生物體內進行的催化反應均屬於勻相催化反應，所使用的催化劑稱爲「酵素」或「酶（enzyme）」。酵素主要成分爲蛋白質，如同鑰匙與鎖，有高度的專一性（specificity），一種酶通常只能催化特定的受質（substrate），也受溫度與pH值的影響。

在新科技部分，「光觸媒」反應是指以「光」爲能量，讓反應在觸媒材料表面上進行，由日本藤嶋昭（A. Fujishima, 1942～）在1972年發現：二氧化鈦（TiO_2）在紫外光的照射下，竟然可以把水分解產生氫氣，因而發現二氧化鈦的光化學特性。

二氧化鈦奈米光觸媒，是運用觸媒結合「奈米表面效應」技術，將二氧化鈦製成奈米尺寸的微小顆粒，將其塗敷於如口罩織布、燈管等的表面或噴灑於環境中如地板上，具有奈米尺寸的二氧化鈦顆粒，在吸收紫外光後，其表面會產生電子與「電洞（electron hole：原子帶正電的質子數目與帶負電的電子數目相同，若因外來因素使其少了一個負電的電子，此消失之電子原來的位置，就會形成一個正電性的空位稱之）。」當環境中的水氣或氧氣分子接觸到二氧化鈦顆粒表面上的電洞與電子時，會分別產生「氫氧自由基（·OH）」與「超氧陰離子（$·O_2^-$）」等；這些具有高度活性的粒子與附著於塗料表面上或大氣中的細菌、具臭味的有機化合物接觸時，可將它們分解，達到消毒或去除汙染物的目的。

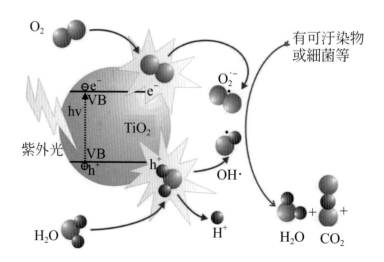

範例：催化劑與反應速率

從附圖判斷，下列敘述何者正確？

(A) 虛線為加入催化劑反應途
　　徑，此時正反應速率增
　　加，逆反應速率降低

(B) 斜線部分為達到反應最低
　　能量的分子增加的數量

(C) 催化劑不改變反應熱及粒
　　子動能分布曲線

(D) 活化能是一種動能，而低限能是一種位能

(E) 催化劑可改變反應途徑及活化複合體，但不改變其反應級
　　數。

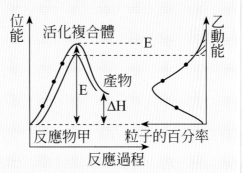

答案：(C)

解析

(A) 催化劑等量加速正、逆反應速率。

(B) 斜線部分為在沒有加入催化劑時，超過低限能的分子。

(D) 活化能為位能；而低限能則為動能。

(E) 催化劑會改變反應機構，故也可能改變反應級數。

④ 秒錶反應

　　探討反應速率的學理實驗中，最著名的，莫過於就是「秒錶反應」。最常使用的方法就是「亞硫酸氫鈉（NaHSO₃）」溶液與「碘酸鉀（KIO₃）」溶液的反應：藉由固定亞硫酸氫鈉溶液的濃度，利用改變碘酸鉀溶液濃度來探討濃度變化對反應速率的影響，以及同時固定碘酸鉀溶液與亞硫酸氫鈉溶液的濃度，以改變溫度來探討溫度變化對反應速率的影響。由於本實驗是利用碼錶測定在前述條件下，兩種溶液反應出現藍色所需的時間，藉以探討濃度和溫度與反應速率的關係，故稱故「秒錶反應」，亦稱爲「碘鐘反應（the iodine clock reaction）」。

　　在酸性溶液中，碘酸根IO_3^-會被亞硫酸氫根HSO_3^-還原成碘離子I^-，其化學反應式爲：

$$IO_3^-\,_{(aq)} + 3HSO_3^-\,_{(aq)} \longrightarrow I^-\,_{(aq)} + 3SO_4^{2-}\,_{(aq)} + 3H^+\,_{(aq)}$$

　　隨後，碘酸根IO_3^-會再與碘離子I^-反應形成碘分子I_2，其化學反應式爲：

$$IO_3^-\,_{(aq)} + 5I^-\,_{(aq)} + 6H^+\,_{(aq)} \longrightarrow 3I_{2(s)} + 3H_2O_{(l)}$$

　　由以上兩反應式可得知：碘酸根IO_3^-與亞硫酸氫根HSO_3^-的莫耳數比值必須大於三分之一，也就是說亞硫酸氫根HSO_3^-反應用完後，過剩的碘酸根IO_3^-再與生成的碘離子I^-反應產生碘I_2，碘與澱粉發生反應，而呈藍色。

　　而在高中化學課程中，本實驗還搭配教授「分度吸量管」與「安全吸

球」的使用，這個部分是歷屆升大學學測常見的考題內容。

　　吸量管（pipette）是一種將特定體積的某液體準確移轉（有刻度或標線）到另一個器具中的器材。實驗室常用的有「移液吸管（transfer pipette）」以及「分度吸量管（graduated pipet）」兩種。移液吸管是用來量取固定體積，它的玻璃管中間通常有一膨大的部分，在玻璃管頸部只刻有一個標線；分度吸量管則有較細微的體積刻劃，可用以量取不同體積的液體。

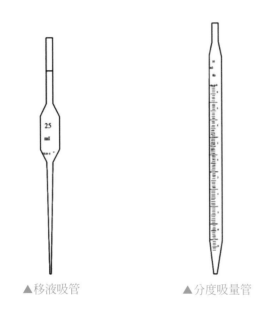

▲移液吸管　　　　　　▲分度吸量管

　　以吸量管量取溶液時，必須搭配安全吸球（pipette bulb）使用。安全吸球的構造包含三個控制閥，每個控制閥均內藏有一粒玻璃珠（或鋼珠），用以操控液體與空氣的流動：A閥（上端）是排氣閥，A表示Air，同時擠壓此處與球體，可將吸球內空氣排出；S閥（下端）是吸液閥，S表

示Suction，擠壓此處，可將液體吸入吸量管； E閥（側端）是排液閥，E表
示Ejection，擠壓此處，可將吸量管中的液體排放。

▲安全吸球

　　操作時，先將吸量管插在安全吸球下端，按壓A閥，同時擠壓球體，
可將吸球內的空氣排出，鬆開A閥後，此時安全吸球呈減壓狀態；接著按住
S閥，球體就會慢慢膨脹，並將液體吸入吸量管內；最後按壓E閥，即可將
液體排放。其實大家也不必想的太複雜，它的使用原理，想想其實跟乳頭
滴管的使用，是一樣的。

範例：分度吸量管、移液吸管（吸液管）與安全吸球

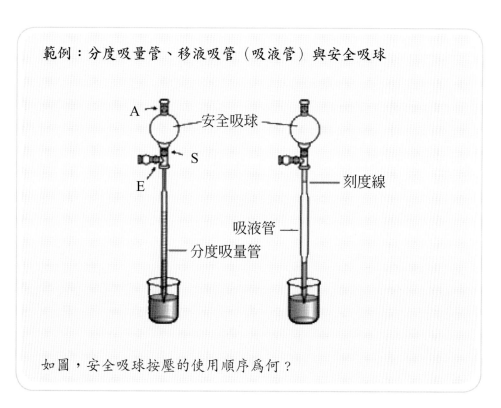

如圖，安全吸球按壓的使用順序為何？

答案：如解析

解析

先按A（排氣栓）⇒ 按S（吸液栓）⇒ 按E（排液栓）

每升的甲溶液含KIO_3 6.42克；每升的乙溶液含$NaHSO_3$ 4.16克（並含少量澱粉和硫酸），附表各溶液反應，何者將呈藍色？

（式量：$NaHSO_3 = 104$，$KIO_3 = 214$）

實　　驗	(A)	(B)	(C)	(D)
甲溶液（mL）	1	3.5	5	5
水（mL）	15	6.5	5	1
乙溶液（mL）	4	10	10	14

答案：(C)

解析

莫耳數 $KIO_3 = \dfrac{6.42}{214} = 0.03$（mol），$NaHSO_3 = \dfrac{4.16}{104} = 0.04$（mol）

其中先發生 $IO_3^- + 3HSO_3^- \rightarrow I^- + 3H^+ + 3SO_4^{2-}$

IO_3^- 若過量，則繼續發生 $IO_3^- + 5I^- + 6H^+ \rightarrow 3I_2 + 3H_2O$

I_2 遇澱粉則生成藍色的錯合物，欲使藍色生成，則IO_3^-須過量，其條件為

$$\dfrac{IO_3^-\text{莫耳數}}{HSO_3^-\text{莫耳數}} > \dfrac{1}{3}$$

(A) $\dfrac{0.03 \times 1}{0.04 \times 4} = \dfrac{3}{16}$　　　　(B) $\dfrac{0.03 \times 3.5}{0.04 \times 10} = \dfrac{21}{80}$

(C) $\dfrac{0.03 \times 5}{0.04 \times 10} = \dfrac{3}{8}$　　　　(D) $\dfrac{0.03 \times 5}{0.04 \times 14} = \dfrac{15}{56}$

1. 單位時間內，反應物的消耗量或產物的增加量，即反應速率（r）。
2. 可利用顏色、沉澱物、壓力、體積、導電度或pH值等的變化來測量反應速率。
3. 速率定律：反應速率與反應物濃度間的數學關係式。如反應$aA + bB \rightarrow cC + dD$，其速率定律為$r = k[A]^m[B]^n$。
4. 反應級數：
   (1) 零級反應：速率定律中，反應物濃度的指數總和為0。如$r = k[A]^0 = k$。
   (2) 一級反應：速率定律中，反應物濃度的指數總和為1。如$r = k[A]$。
   (3) 二級反應：速率定律中，反應物濃度的指數總和為2。如$r = k[A]^2$。
5. 反應物濃度降到原濃度的一半時，所需要的時間，稱為「半生期」。
6. 「低限能」為碰撞粒子需具備的最低動能。將粒子數與其對應的動能作圖，所得之曲線圖稱「粒子動能分布曲線圖」。
7. 將反應物、活化複合體及產物的位能與反應過程作圖，所得之曲線圖稱「反應位能圖」。反應物彼此碰撞生成產物前，會先形成一種具有高位能、極不穩定的過渡狀態稱「活化複合體」，活化複合體與反應物或產物間的位能差稱「活化能」。

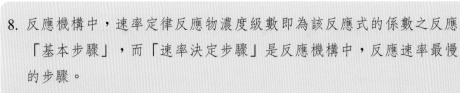

8. 反應機構中，速率定律反應物濃度級數即為該反應式的係數之反應「基本步驟」，而「速率決定步驟」是反應機構中，反應速率最慢的步驟。

9. 影響反應速率的因素：

(1) 反應物的本質。

(2) 濃度與接觸面積。

(3) 溫度。

(4) 催化劑。

學習上應注意事項與容易犯下的錯誤

1. 反應速率的種類：

    (1) 平均反應速率：任取一段時間間隔，所測得的反應速率。

    (2) 瞬時反應速率：某一瞬間時，所求得的反應速率。

    (3) 反應初速率：反應一開始時，所測得的瞬時反應速率。

2. 速率定律為 $r = k[A]^m[B]^n$ 中的指數須實驗求得，而非反應式中的係數。

3. 反應級數不一定是整數。

4. 半生期是時間，而非反應物濃度降到原濃度的一半時的「濃度」。

5. 「低限能」為碰撞粒子需具備的最低「動能」。活化複合體與反應物或產物間的「位能」差稱「活化能」。

6. 催化劑只是反應前後本質不變，但催化劑實際參與了化學反應。

7. 酵素或酶乃特指「生物體」內的催化劑。

第二章　化學平衡

本章導讀

宇宙中，所有化學反應，小至原子內部、大至外在整個地球環境以及整個宇宙，都與化學反應息息相關，因為平衡穩定，所以，我們才有短暫的恆定環境讓我們生活與繁衍。因此，研究物質與物質間變化的化學，是探索自然界奧祕的中心科學。

在許多化學反應中，反應物只是進行單向的反應，亦即為從反應物變成產物，但也有許多反應後的產物，會重新排列組合，再度形成原本的反應物，這樣的反應，我們稱之為「可逆反應」。

可逆反應與單向反應不同，是屬於「不完全反應」，會使化學反應形成平衡狀態。而對微觀化學平衡狀態的了解，正是探討巨觀宇宙環境平衡的基礎。

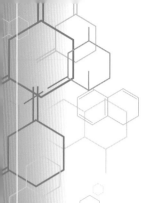

學習概念圖

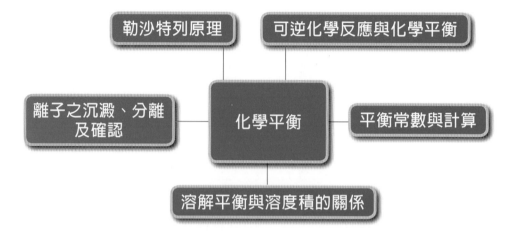

勒沙特列原理

可逆化學反應與化學平衡

離子之沉澱、分離及確認

化學平衡

平衡常數與計算

溶解平衡與溶度積的關係

西元2258年，隨著地球資源愈來愈匱乏，極端氣候愈來愈頻繁，人類終於下定決心，移民到火星。官聖與雅妍是一對星際情侶，獲派前往這個距離地球最相近的行星，進行先驅任務。沒想到一登陸火星……。

　　「不會吧……這裡就是火星！」看見漫無生機的火星表面，駕駛著登陸小艇的雅妍，滿臉失望地說，「光禿禿的，人類要怎麼生活？」

　　坐在副駕駛座的官聖，溫柔地看著雅妍，站起來走向她，輕輕撥著她的黑髮，「其實，火星這裡也不是什麼都沒有，據之前的分析，火星上存在著水冰與二氧化碳。」

　　「我知道啊，我們的計畫，就是利用電解水來產生氫氣與氧氣，有水與二氧化碳就可以種植作物，然後，氫氣與二氧化碳還可以反應形成甲烷，而甲烷可以做為燃料與製造其他的有機化合物。」雅妍嘟著嘴巴這麼說著，就站起來推開官聖，走到儲藏室，準備拿太空衣穿上，邊走還邊轉頭對官聖說，「雖然這樣子也許就適合人類居住，可是，事實上感覺不是這麼簡單。」

　　官聖依然溫柔，他跟在雅妍後面，拍拍她的肩膀，安慰她說，「不要氣餒啦，有你、有我，」他拿著雅妍遞給他的頭盔，戴上後繼續說道，「我們就會成為最早能在火星上生活的人類，你說，這不是好浪漫嗎？」

　　「真的好浪漫啊！」雅妍敲了下官聖的頭盔，「趕快工作吧，要是不趕快弄出一點成績，我們只剩下100天的糧食飲水與氧氣，到時候想浪漫也浪漫不起來了……。」

① 可逆反應與化學平衡

我們日常生活中不可或缺的可充電電池，它可重複的充電與放電，但是用了幾年後，就不再能充、放電而壽終正寢。而市售乾電池出廠時，會標明使用期限，若放置太久，即使是新的、你沒拆封、也不曾使用過，居然也不能再放電。你想一想，上面兩種電池中的反應物是否都已完全耗盡？

首先，我們先討論「可逆反應（reversible reaction）」與「不可逆反應（irreversible reaction）」。

化學反應中，若是該狀態隨著時間的進行，而無法回到過去某個時間點的狀態，稱為「不可逆反應」，如燃燒、食物腐敗等。若會有反應物互相反應、產生生成物的正反應，同時亦有生成物互相反應、產生原來反應物的逆反應。這種正、逆反應能同時進行的反應，稱為「可逆反應」，如「碘燻法」是利用碘晶體昇華成氣體，溶入指紋所分泌的油脂裡，顯露出隱藏的指紋，而指紋也可再消失。

可逆反應表示法：反應式中，以雙向箭頭（⇌）表示，如以下兩個例子。

例1： $2NO_{2(g)} \quad \rightleftharpoons \quad N_2O_{4(g)}$
　　　（紅棕色）　　（無色）

例2： $2CrO_4^{2-}{}_{(aq)} + 2H^+{}_{(aq)} \rightleftharpoons Cr_2O_7^{2-}{}_{(aq)} + H_2O_{(l)}$
　　　（黃色）　　　　　　　（橙色）

只要系統內反應物和生成物的量不為零，可逆反應是不會趨於完全，亦即反應物不會完全轉為生成物，此稱「不完全反應」。而當各物質存在

的量不再改變時，終會達到「平衡狀態」(equilibrium state)。化學平衡是指在密閉系統中，可逆的化學反應，其正反應與逆反應速率相等；雖然宏觀物質的量不再改變，但是實際微觀物質的量，卻不斷在消耗與生成。也就是說，它是一種動態平衡（dynamic equilibrium），反應物與產物各成分的濃度，不再改變。平衡後：

一、正逆反應速率相等

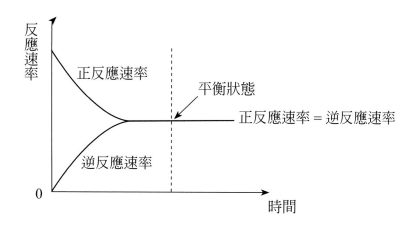

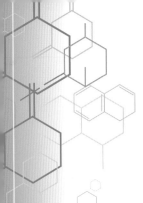

二、濃度雖不改變，但不一定相等

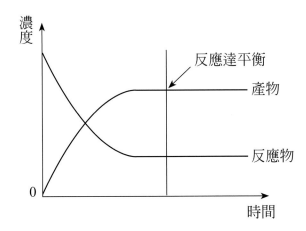

線上趣味影片／銀離子水

範例：可逆反應反應速率與濃度

反應前$[H_2] = [I_2]$，則$H_{2(g)} + I_{2(g)} \rightleftharpoons 2HI_{(g)}$之反應達平衡時，何圖正確？

（r：反應速率，t：時間）

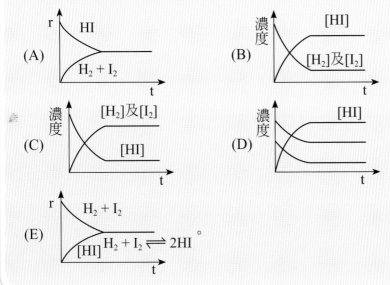

答案：BE

解析

(B) $\because H_2 + I_2 \rightleftharpoons 2HI$

∴H_2與I_2的濃度下降量：HI的濃度增加量$= 1：2$（係數比）

達平衡時，反應物及生成物的濃度不再改變。

(E) 正反應速率隨濃度減少而降低，逆反應速率則隨生成物濃度增加而增大，達平衡時，正反應速率等於逆反應速率。

2 平衡常數與計算

由第一節內容得知：平衡狀態與反應進行的方向無關。

在700K時，取1.00 M氫氣（H_2）與1.00 M碘蒸氣（I_2）在密閉容器中進行化合反

應產生碘化氫（HI）：$H_{2(g)} + I_{2(g)} \rightleftharpoons 2HI_{(g)}$，達平衡時，測得$[H_2] = [I_2] = 0.21$ M、$[HI] = 1.58$ M。理論上1.00 M氫氣與1.00 M碘蒸氣完全反應，可生成2.00 M碘化氫，但本反應為可逆反應，反應物不會耗盡，故其平衡狀態須由實驗求出上面數據。

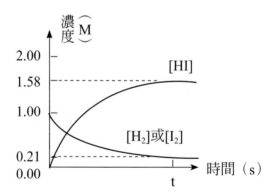

若在同樣溫度下，再取2.00 M碘化氫氣體置於密閉容器中進行反應或1.00 M碘化氫、0.50 M氫氣及碘蒸氣進行混合反應，達平衡時，[HI]、$[H_2]$、$[I_2]$皆分別為1.58 M、0.21 M、0.21 M，此平衡狀態恰與上述反應式相同：$2HI_{(g)} \rightleftharpoons H_{2(g)} + I_{2(g)}$。

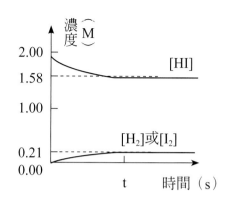 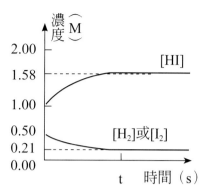

歸納以上結論：在700K時，雖然H_2、I_2及HI的初始濃度皆不同，但是三物質最後的濃度皆可達到同一平衡狀態。

初濃度（M）			平衡濃度（M）		
$[H_2]$	**$[I_2]$**	**$[HI]$**	**$[H_2]$**	**$[I_2]$**	**$[HI]$**
1.00	1.00	0			
0.50	0.50	1.00	0.21	0.21	1.58
0	0	2.00			

綜上可知：某可逆反應中，若反應條件相同，所取的物質劑量符合係數計量的關係，不論由正向或由逆向開始的反應，最終平衡狀態均相同。

如：$2HI_{(g)} \rightleftharpoons H_{2(g)} + I_{2(g)}$，在700K達平衡時，$\dfrac{[HI]^2}{[H_2][I_2]}$約為一定值。

所謂「計量關係」，是指將反應完全朝向同一方進行，檢視各物質的濃度是否相同，若是相同，則達平衡時，各物質平衡濃度均相同。

挪威化學家古柏格（C. M. Guldberg）與威格（P. Waage）在1864年提出「化學平衡定律（law of chemical equilibrium）」來描述反應平衡時各物質間的濃度關係。

設一反應 $a\ A_{(aq)} + b\ B_{(aq)} \rightleftharpoons c\ C_{(aq)} + d\ D_{(aq)}$ 達平衡時，平衡常數表示式為 $K_C = \dfrac{[C]^c[D]^d}{[A]^a[B]^b}$，$K_C$ 即為「濃度平衡常數」。

K_C 在定溫下為定值，而[A]、[B]、[C]、[D]則為其濃度。由於熱力學平衡常數沒有單位，因此一般 K_C 不寫單位。

若反應物與產物皆為氣相時，亦可以分壓代替，計算所得的壓力平衡常數以 K_p 表示。設 $a\ A_{(g)} + b\ B_{(g)} \rightleftharpoons c\ C_{(g)} + d\ D_{(g)}$，平衡常數表示式為 $K_P = \dfrac{[P_C]^c[P_D]^d}{[P_A]^a[P_B]^b}$，$K_p$ 即為「壓力平衡常數」，而[P_A]、[P_B]、[P_C]、[P_D]則為其分壓。

K_c 與 K_p 的關係為：$K_P = K_c(RT)^{\Delta n}$，$\Delta n = (c+d) - (a+b)$ 即生成物的莫耳數和減去反應物的莫耳數和。

導證：$K_P = \dfrac{[P_C]^c[P_D]^d}{[P_A]^a[P_B]^b} = \dfrac{([C]RT)^c \times ([D]RT)^d}{([A]RT)^a \times ([B]RT)^b} = K_c \times (RT)^{(c+d)-(a+b)}$

「無機化學之父」戴維（H. Davy, 1778～1829）爵士的弟弟戴維（J. Davy, 1790～1868）是一位醫生，1812年，他合成出一種毒性極強、稱為「光氣（$COCl_2$）」的氣體。起初光氣被德軍在第一次世界大戰中當作化學武器使用：光氣被人體吸入後會與肺中的蛋白質反應，導致肺部充滿液體，因而造成肺氣腫，甚至心臟驟停。

在高壓、100℃的系統中，用一氧化碳和氯氣合成光氣，其平衡反應式：

$$CO_{(g)} + C_{l2(g)} \rightleftharpoons COCl_{2(g)} \quad K_C = 5 \times 10^9$$

　　珊瑚礁是由珊瑚蟲的骨骼所組成（如下照片），主成分為碳酸鈣。碳酸鈣在地球上存量豐富，並以許多形式存在於動物骨骼或外殼中及岩礦裡。如果在1 atm下，將碳酸鈣放入的密閉容器中加熱，它會分解成氧化鈣和二氧化碳，其平衡反應式：

$$CaCO_{3(s)} \rightleftharpoons CaO_{(s)} + CO_{2(g)} \quad K_P = 4.8 \text{ atm}$$

　　平衡常數K愈大，表示生成物的濃度愈大，即反應愈完全即產率愈高，但不是表示反應速率愈快（這與活化能有關）。若$K > 10^3$，表示平衡時對生成物較有利；若$10^3 > K > 10^{-3}$，表示平衡時，反應物與生成物均有相當的量存在於系統中；若$10^{-3} > K$，表示反應幾乎難以進行。

極小 ←————— K —————→ 極大

10^{-3}　1　10^3

反應幾乎　　　反應物與產物　　反應完全
不發生　　　　達平衡

　　例如：氫氣和氧氣反應生成水蒸氣並產生能量，是容易進行的，而碳氧化成二氧化碳並釋出能量也很容易自然發生，這些反應的平衡常數K極大。相反的如上述逆反應，水蒸氣很難再分解回氫氣和氧氣、二氧化碳亦很難再分解回碳和氧氣，若某反應的平衡常數K極小時，則反應幾乎難以進行。所以，自然界中水蒸氣，自發分解產生氫氣以作為能源，是相當困難的，而燃燒碳產生的二氧化碳很難逆反應消失，造成溫室效應。

範例：平衡常數

反應$2A_{(g)} \rightleftharpoons B_{(g)}$之平衡常數　$K = 10$，下列有關此反應的敘述何者正確？

(A)平衡時[B]為[A]的10倍

(B)平衡時[B]為$[A]^2$的10倍

(C)平衡時[A]為[B]的10倍

(D)平衡時$[A]^2$為[B]的10倍

(E)平衡時[A]為[B]的20倍。

答案：(B)

解析

由 $K_c = \dfrac{[B]}{[A]^2} = 10 \Rightarrow$ [B]為$[A]^2$的10倍。

範例：K_c 與 K_p 的關係

$A_{2(s)} + 4B_{2(g)} \rightleftharpoons 2AB_{4(g)}$ 反應在 727℃ 的分壓平衡常數為 K_p 時，其濃度平衡常數（K_c）應為何？〔$R = 0.082$（$\dfrac{大氣壓 \cdot 升}{莫耳 \cdot K}$）〕

(A) $K_c = K_p$

(B) $K_c = \dfrac{1}{K_P}$

(C) $K_c = (1000R)K_p$

(D) $K_c = (1000R)^2 K_p$

(E) $K_c = K_p$。

答案：(D)

解析

由 $K_p = K_c(1000R)^{\Delta n}$，$\Delta n = 2 - 4 = -2$

$\Rightarrow K_c = K_p(1000R)^2$

平衡常數式與方程式有關。

平衡常數的運算：$a A_{(aq)} + b B_{(aq)} \rightleftharpoons c C_{(aq)} + d D_{(aq)}$ 為例，$K_C = \dfrac{[C]^c[D]^d}{[A]^a[B]^b}$

一、正逆反應的平衡常數互為倒數。

$c C_{(aq)} + d D_{(aq)} \rightleftharpoons a A_{(aq)} + b B_{(aq)}$

$K_C' = \dfrac{[A]^a[B]^b}{[C]^c[D]^d} = \dfrac{1}{Kc}$

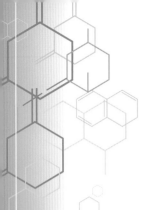

二、方程式變n倍，平衡常數變n次方。（n亦可為分數）

$$na\ A_{(aq)} + nb\ B_{(aq)} \rightleftharpoons nc\ C_{(aq)} + nd\ D_{(aq)}$$

$$K_C'' = \left(\frac{[C]^c [D]^d}{[A]^a [B]^b} \right)^n = K_C^{\ n}$$

三、方程式相加，平衡常數相乘；方程式相減，平衡常數相除。

如：　　　$A + B \rightarrow C$　　　$K_1 = \dfrac{[C]}{[A][B]}$

$+$）　$C \rightarrow D + E$　　　$K_2 = \dfrac{[D][E]}{[C]}$

$A + B \rightarrow D + E$　　　$K_3 = \dfrac{[D][E]}{[A][B]} = K_1 \times K_2$

實驗影片／大象牙膏

範例：反應式與平衡常數的關係

已知常溫時，下列四個反應皆爲可逆反應，其平衡常數分別爲 a、b、c、d：

$H_3PO_{4(aq)} + H_2O_{(l)} \rightleftharpoons H_3O^+ + H_2PO_4^-{}_{(aq)}$，$K = a$；

$H_2PO_4^-{}_{(aq)} + H_2O_{(l)} \rightleftharpoons H_3O + HPO_4^{2-}{}_{(aq)}$，$K = b$；

$HPO_4^{2-}{}_{(aq)} + H_2O_{(l)} \rightleftharpoons H_3O^+ + PO_4^{3-}{}_{(aq)}$，$K = c$；

$H_2O_{(l)} \rightleftharpoons H_3O^+ + OH^-{}_{(aq)}$，$K = d$；

試問下列反應：$2HPO_4^{2-}{}_{(aq)} \rightleftharpoons H_2PO_4^-{}_{(aq)} + PO_4^{3-}{}_{(aq)}$ 之平衡常數爲何？

(A) $\dfrac{b \times c}{d}$　(B) $\dfrac{d}{b \times c}$　(C) $a \times b \times c$　(D) $a + b + c$　(E) $\dfrac{c}{b}$。

答案：(E)

解析

$$HPO_4^{2-}{}_{(aq)} + H_2O_{(l)} \rightleftharpoons H_3O^+{}_{(aq)} + PO_4^{2-}{}_{(aq)} \qquad K = c$$

$$+) \quad H_3O^+{}_{(aq)} + HPO_4^{2-}{}_{(aq)} \rightleftharpoons H_2PO_4^-{}_{(aq)} + H_2O_{(l)} \qquad K = \frac{1}{b}$$

$$\overline{\quad 2HPO_4^{2-}{}_{(aq)} \rightleftharpoons H_2PO_4^-{}_{(aq)} + PO_4^{3-}{}_{(aq)} \qquad K = \frac{c}{b} \quad}$$

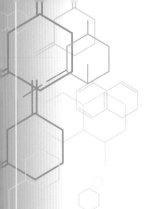

設一平衡在任一時刻：a A + b B ⇌ c C + d D，則將反應物與產物的初濃度代入平衡常數的公式中，得到的數值稱爲「反應商」（reaction quotient），以「Q」值表示。

以a $A_{(aq)}$ + b $B_{(aq)}$ ⇌ c $C_{(aq)}$ + d $D_{(aq)}$爲例，$Q = \dfrac{[C]^c [D]^d}{[A]^a [B]^b}$

反應商與平衡常數的關係（Q與K的關係）如下表和下圖所示：

Q 與 K	反應方向
Q > K	向左
Q = K	達平衡
Q < K	向右

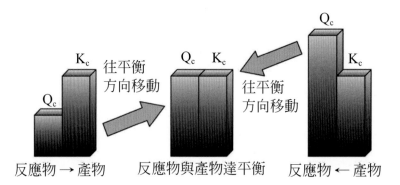

反應物 → 產物　　反應物與產物達平衡　　反應物 ← 產物

範例：反應商 Q

25℃時，$A_{(g)} + B_{(g)} \rightleftharpoons 3C_{(g)}$ 之 $K_p = 4atm$，取若干量的A、B、C混合於同一容器中，A、B、C的分壓如附表所示，試問何者的淨反應向左進行？

選　項	P_A（atm）	P_B（atm）	P_C（atm）
(A)	1	1	1
(B)	2	4	3
(C)	3	6	5
(D)	4	4	4

答案：(C)

解析

(A) $Q = \dfrac{1^3}{1 \times 1} = 1 < K_p \Rightarrow$ 反應右移。

(B) $Q = \dfrac{3^3}{2 \times 4} = 3.375 < K_p \Rightarrow$ 反應右移。

(C) $Q = \dfrac{5^3}{3 \times 6} = 6.94 > K_p \Rightarrow$ 反應左移。

(D) $Q = \dfrac{4^3}{4 \times 4} = 4 = K_p \Rightarrow$ 已達平衡。

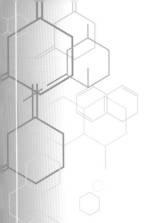

　　化學反應的平衡狀態，其反應物和產物形成單一相，包含氣相或單一液相時，稱為「均相平衡（homogeneous equilibrium）」。相反的，當反應物和產物多於一相時，稱為「異相平衡（heterogeneous equilibrium）」。

　　在均相平衡方面，我們以狀態來討論：

一、氣相

以二氧化硫氣體與氧氣反應生成三氧化硫氣體為例

$$2SO_{2(g)} + O_{2(g)} \rightleftharpoons 2SO_{3(g)} \quad Kc = \frac{[SO_3]^2}{[SO_2]^2[O_2]}$$

二、液相

1. 水溶液中的平衡：水（$H_2O_{(l)}$）為大量，因此就算水是反應物，反應的量與整體水量相較仍屬少量，故可視為定值（55.5 M）。

   如：$NH_{3(g)} + H_2O_{(l)} \rightleftharpoons NH_4^+{}_{(aq)} + OH^-{}_{(aq)}$，$K_C = \frac{[NH_4^+][OH^-]}{[NH_3]}$

2. 非水溶液的平衡：水並非大量，故濃度並不是定值，定律式中必須列出水，例如酯化反應。

   如：$CH_3COOH_{(l)} + C_2H_5OH_{(l)} \rightleftharpoons CH_3COOC_2H_{5(l)} + H_2O_{(l)}$

   $K_c = \frac{[CH_3COOC_2H_5][H_2O]}{[CH_3COOH][C_2H_5OH]}$

　　而在異相平衡方面，純液體或固體的濃度可視為一定值併入平衡常數中，不用出現在平衡定律式中。

例1：$Zn_{(s)} + 2\ Ag^{+}_{(aq)} \rightleftharpoons Zn^{2+}_{(aq)} + 2\ Ag_{(s)}$　$K_C = \dfrac{[Zn^{2+}]}{[Ag^{+}]^2}$　（如下照片）

例2：$C_{(s)} + H_2O_{(g)} \rightleftharpoons CO_{(g)} + H_{2(g)}$　$K_P = \dfrac{P_{CO}P_{H2}}{P_{H2O}}$

範例：均相平衡之氣相

將$COCl_2$氣體置於10L的真空容器中，加熱使分解爲CO及Cl_2，達平衡時$COCl_2$的濃度爲4.0M，若改變容器的體積，並使再度達平衡，測得$COCl_2$的濃度爲1.0M，問再度達平衡之CO濃度與首次平衡時之CO濃度比較有何變化？

(A)減爲$\frac{1}{4}$倍　(B)減爲$\frac{1}{2}$倍　(C)不變

(D)增爲2倍　(E)增爲4倍。

答案：(B)

解析

$$COCl_{2(g)} \rightleftharpoons CO(g) + Cl_{2(g)}$$

	初	加入	
平衡1	4	x	x
平衡2	1	y	y

改變體積

由$K_c = \dfrac{[CO][Cl_2]}{[COCl_2]}$，溫度不變則$K_c$值不變 $\Rightarrow \dfrac{x^2}{4} = \dfrac{y^2}{1}$，$y = \dfrac{1}{2}x$

$25^\circ C$ 時 $CH_3COOH_{(l)} + C_2H_5OH_{(l)} \rightleftharpoons CH_3COOC_2H_{5(l)} + H_2O_{(l)}$，$K_c =$ 4.0，將乙酸和乙醇各1.0mol混合，反應達平衡時，可生成乙酸乙酯若干？

(A) $\dfrac{1}{3}$ mol　(B) $\dfrac{2}{3}$ mol　(C) 1.0 mol　(D) $\dfrac{4}{3}$ mol　(E) $\dfrac{1}{4}$ mol。

答案：(B)

解析

$$CH_3COOH_{(l)} + C_2H_5OH_{(l)} \rightleftharpoons CH_3COOC_2H_{5(l)} + H_2O_{(l)}$$

初	1	1		
	$-x$	$-x$	$+x$	$+x$
末	$1-x$	$1-x$	x	x

由 $K_c = \dfrac{[CH_3COOC_2H_5][H_2O]}{[CH_3COOH][C_2H_5OH]} \Rightarrow \dfrac{(\frac{x}{V})^2}{(\frac{1-x}{V})^2} = 4$，$x = \dfrac{2}{3}$

範例：異相平衡

已知2莫耳固體X_2及2莫耳氣體Y_2在10升之容器中混合，反應達到平衡時，生成$\dfrac{2}{3}$莫耳氣體X_2Y，則$2X_{2(s)} + Y_{2(g)} \rightleftharpoons 2X_2Y_{(g)}$之平衡常數$K_c$為何？

(A) $\dfrac{3}{20}$　(B) $\dfrac{3}{2}$　(C)　15　(D) $\dfrac{2}{75}$　(E) $\dfrac{4}{15}$。

答案：(D)

解析

$$
\begin{array}{ccccc}
\text{由} & 2X_{2(s)} & + & Y_{2(g)} & \rightleftharpoons & 2X_2Y_{(g)} \\
\text{初} & 2 & & 2 & & 0 \\
& -\dfrac{2}{3} & & -\dfrac{1}{3} & & +\dfrac{2}{3} \\
\hline
\text{末} & \dfrac{4}{3} & & \dfrac{5}{3} & & \dfrac{2}{3}
\end{array}
$$

$\Rightarrow [Y_2] = \dfrac{\frac{5}{3}}{10} = \dfrac{1}{6}$（M），$[X_2Y] = \dfrac{\frac{2}{3}}{10} = \dfrac{1}{15}$（M）

則 $K_c = \dfrac{[X_2Y]^2}{[Y_2]} = \dfrac{(\frac{1}{15})^2}{\frac{1}{6}} = \dfrac{2}{75}$

勒沙特列原理

　　法國化學工程師勒沙特列（H. L. Le Châtelier）提出：平衡狀態的系統，當物質的濃度、壓力或體積以及溫度變化時，平衡就朝向能夠減弱這種改變的方向移動，以抗衡該改變。

　　首先，由濃度對平衡的影響來看勒沙特列定律。改變平衡中任一物質的濃度，會使得平衡向減弱這種改變的方向移動。意即是：在一平衡系中，若使反應物濃度增加或產物濃度降低，都可使平衡向右移動；反之，若使反應物濃度降低或產物濃度增加，平衡則向左移動。

　　就以一氧化碳與氫氣反應生產甲醇$CO(g) + 2H_{2(g)} \rightleftharpoons CH_3OH_{(l)}$平衡反應

為例：增加系統中的一氧化碳濃度，根據勒沙特列原理，反應會向消耗一氧化碳濃度的方向進行，以抗衡此一改變。若以Q值來思考，因為加入CO後，Q＜K，所以平衡右移。因此，氫氣的量會減少，甲醇的量會增加。而一氧化碳加進的量之後雖被部分消耗，但仍比原平衡時的濃度高。

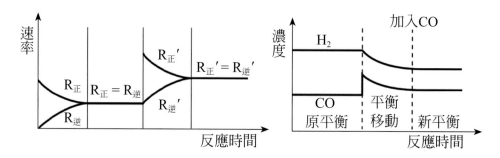

再以黃色鉻酸鉀與橙色二鉻酸鉀溶液 $2CrO_4^{2-}{(aq)} + 2H^+{(aq)} \rightleftharpoons Cr_2O_7^{2-}{(aq)} + H_2O{(l)}$ 的平衡為例：黃色鉻酸鉀溶液中，滴加數滴鹽酸後，此時氫離子的濃度增加，為抵消此因素，平衡向右移動，使得黃色鉻酸根濃度減少，而橙色二鉻酸根濃度增加，所以溶液變成橙色。相反的，改加入微量氫氧化鈉溶液時，因為氫氧離子與溶液中的氫離子進行中和反應，而使得氫離子濃度降低，平衡改向左移動，以抵消此因素，溶液因而再變回黃色。

還有一個重要的例子：血紅色硫氰酸鐵離子解離成鐵離子（淡黃色）與硫氰酸根（無色）$FeSCN^{2+}{(aq)} \rightleftharpoons Fe^{3+}{(aq)} + SCN^-{(aq)}$ 的平衡系（如圖，硫氰酸鉀是檢驗 Fe^{3+} 的靈敏試劑，在酸性溶液中產生）：在溶液中，添加少量濃NaOH(aq)，會生成紅棕色$Fe(OH)_3$沉澱，且溶液的顏色變淡。此因$Fe^{3+}{(aq)}$的濃度降低，致使反應向右移動，因此達新平衡時，血紅色的$FeSCN^{2+}$離子濃度減少。

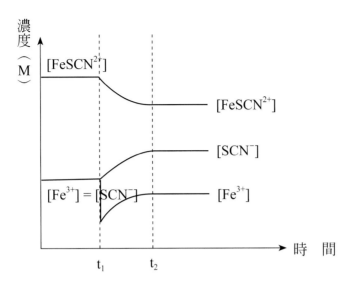

▲添加 NaOH 後 FeCCSN^{2+}(aq) ⇌ Fe^{3+}(aq) + SCN$^-$(aq) 平衡系
各物質濃度隨時間變化的關係

　　在高中化學課程中，此例還當作實驗「比色法」來求平衡常數K_c。若反應式為 Fe$^{3+}_{(aq)}$ + SCN$^-_{(aq)}$ ⇌ FeSCN$^{2+}_{(aq)}$，則反應的平衡常數表示式可表示：

$$K_c = \frac{\left[FeSCN^{2+}\right]}{\left[Fe^{3+}\right]\left[SCN^-\right]}$$

　　設上式中，各項濃度均為平衡濃度。而平衡系中的三個成分物質：SCN$^-$是無色、 Fe^{3+}是淺黃色、FeSCN^{2+}為血紅色，因此，反應平衡系的主要顏色應為FeSCN^{2+}的顏色，也就是說該溶液主要吸收「藍綠色光」。根據「朗伯-比爾定律（Lambert-Beer's law）A = $\varepsilon \cdot l \cdot c$」，可測得FeSCN^{2+}的平衡濃度。（A為溶液的吸光度、ε為溶液的莫耳吸光係數、l為吸收光徑、c為溶液的容積莫耳濃度）

　　將已知濃度的Fe^{3+}和SCN^-溶液混合，當反應達平衡時，若$FeSCN^{2+}$的濃度為x M，Kc即可運用簡單的計算得到。根據反應平衡原理，三個成分物質的初濃度、變化濃度及平衡濃度計算表示如下：

	Fe^{3+}	$+$	SCN^-	$\rightleftharpoons$	$FeSCN^{2+}$
初	$[Fe^{3+}]_0$		$[SCN^-]_0$		0
反應	$-x$		$-x$		$+x$
平衡	$[Fe^{3+}]_0 - x$		$[SCN^-]_0 - x$		x

$$Kc = \frac{x}{\left([Fe^{3+}]_0 - x\right)\left([SCN^-]_0 - x\right)}$$

　　本實驗需先配製出$FeSCN^{2+}$標準溶液的濃度，利用其所呈現的顏色進行比色，求其他比色管中$FeSCN^{2+}$的濃度：取定量的SCN^-與過量的Fe^{3+}反應，假設SCN^-完全反應成$FeSCN^{2+}$，則$[SCN^-]$與$[FeSCN^{2+}]$可視為相等。（因為$Fe^{3+}_{(aq)} + SCN^-_{(aq)} \rightleftharpoons FeSCN^{2+}_{(aq)}$的Kc夠大，而且假設標準溶液百分之百反應，標準反應物的濃度亦較大，以作為比色的基準。）

　　最後在同溫、同壓下，不同濃度的反應物，所生成$FeSCN^{2+}$的平衡濃度分別為x_0、x_i；利用比色法調製成相同的吸光度，測得兩者的比色光徑分別為l_0、l_i，代入朗伯-比爾定律式得：$l_0 \cdot x_0 = l_i \cdot x_i$（$l_0$：標準溶液高度，$l_i$：待測溶液高度）。若已知$x_0$的濃度，則：

$$x_i = \frac{l_0 \cdot \times x_0}{l_i}$$

範例：濃度對平衡的影響

一平衡系$Fe^{3+}_{(aq)} + SCN^-_{(aq)} \rightleftharpoons FeSCN_{(aq)}^{2+}$，在下列圖形之虛線處加入水於平衡系，何者正確？（縱軸：濃度，橫軸：時間）

(A)
$[Fe^{3+}]$
$[FeSCN^{2+}]$
$[SCN^-]$

(B)
$[Fe^{3+}]$
$[FeSCN^{2+}]$
$[SCN^-]$

(C)
$[Fe^{3+}]$
$[FeSCN^{2+}]$
$[SCN^-]$

(D)
$[Fe^{3+}]$
$[FeSCN^{2+}]$
$[SCN^-]$

答案：(D)

解 析

加入水的瞬間，使$[Fe^{3+}]$、$[SCN^-]$和$[FeSCN^{2+}]$均下降，平衡往左移動，使得$[Fe^{3+}]$和$[SCN^-]$回升，但$[FeSCN^{2+}]$持續下降，直到新平衡達成。

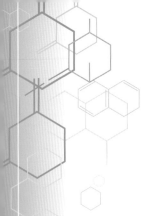

範例：比色法

取5毫升0.4M的$Fe(NO_3)_3$與5毫升4×10^{-3}M的KSCN放入甲試管內，做為標準液，另取5毫升0.08M的$Fe(NO_3)_3$與5毫升4×10^{-3}M的KSCN放入乙試管內，將兩管以比色計比色，待兩管色度相等時，甲管高度為7公分，乙管高度為10公分，求$Fe^{3+}+SCN^-\rightleftharpoons$ $FeSCN^{2+}$之平衡常數為何？

(A) 160　(B) 60　(C) 40　(D) 8。

答案：(B)

解析

標準液視為完全反應，故$[FeSCN^{2+}]=0.004\times\dfrac{1}{2}=0.002$（M）

由$c_1h_1=c_2h_2\Rightarrow0.002\times7=c_2\times10$ ∴$c_2=1.4\times10^{-3}$M

	Fe^{3+}	+	SCN^-	$\rightleftharpoons$	$FeSCN^{2+}$
初	$0.08\times\dfrac{1}{2}$ $=0.004$		$0.04\times\dfrac{1}{2}$ $=0.002$		0
反應	-0.0014		-0.0014		$+0.0014$ （由比色法求得）
平衡	$\doteqdot0.039$		$\doteqdot0.0006$		$\doteqdot0.0014$

$$K_c=\dfrac{0.0014}{0.039\times0.0006}=60$$

另外，壓力或體積對平衡的影響也可以驗證勒沙特列定律。於反應系中，若有氣體物質的平衡反應，如果反應前、後氣體總莫耳數不相等，則改變反應系的體積，壓力會改變，依據勒沙特列原理，爲抵消此一改變，則會造成平衡移動。

　　而在定溫下，如果系統的體積減小（即壓力變大），平衡將轉向有利於壓力降低的方向移動，意即平衡需向氣體總莫耳數較少的一方移動。相反的，定溫下擴大系統的體積，則平衡將朝向氣體總莫耳數較多的一方移動（由反應式的係數判斷）。

　　我們以NO_2化合成N_2O_4的平衡反應式爲例：$2NO_{2(g)} \rightleftharpoons N_2O_{4(g)}$：若壓縮其體積，壓力變大：此瞬間，$NO_2$與$N_2O_4$的濃度（分壓）皆增加，因此筒內氣體顏色變深，平衡向右移動。由於兩個NO_2分子碰撞形成一個N_2O_4分子，直至再度平衡時，筒內氣體顏色較壓縮瞬間顏色略淺，但是仍舊較原平衡時的顏色爲深。又若拉伸筒的體積，壓力變小，使得NO_2與N_2O_4的濃度（分壓）皆減小，導致筒內氣體顏色變淡，平衡向左移動。類推可得：一個N_2O_4分子分解成兩個NO_2分子，再度達成平衡，筒內氣體顏色較拉伸瞬間顏色略深，但是仍舊較原平衡時的顏色爲淡。

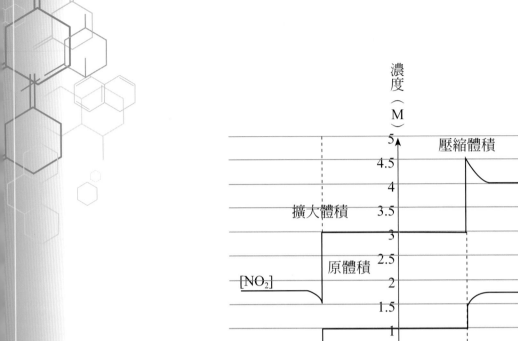

　　血紅素（hemoglobin，又稱「血紅蛋白」）和氧氣形成「氧合血紅素（oxyhemoglobin，又稱氧合血紅蛋白）」的反應，可視為可逆反應：正反應為結合肺部的氧氣變成氧合血紅素，若它進入微血管時，即進行逆反應變回血紅素，並釋出氧氣。

　　依據勒沙特列原理：在肺部，氧氣濃度很高，因此平衡向右移動形成氧合血紅素；當血液到達含氧量較低的肌肉或器官時，平衡向左移動，氧氣可以釋放。

$$Hb_{(aq)} + 4O_{2(g)} \rightleftharpoons Hb(O_2)_{4(aq)}$$

高山空氣稀薄，氧氣的分壓因太低以至於無法和血紅素有效結合，某些人就會罹患「高山症」，所以必須利用「高壓氧」治療來額外的供氧（如下照片）。長年生活在高海拔的居民，其體內就會產生較多的血紅素以利對抗因高海拔所造成的低氧氣壓。

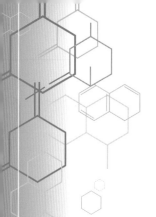

範例：壓力或體積對平衡的影響

平衡系中畫底線物質原壓力為P，在t_0時間、溫度不變下，將容器體積減半。若固體所占體積可忽略，則下列平衡系中畫線物質壓力與時間的關係圖，何者錯誤？

(A) $H_{2(g)} + I_{2(g)} \rightleftharpoons \underline{2HI_{(g)}}$

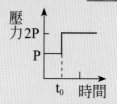

(B) $CaCO_{3(s)} \rightleftharpoons CaO_{(s)} + \underline{CO_{2(g)}}$

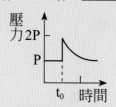

(C) $\underline{2SO_{2(g)}} + O_{2(g)} \rightleftharpoons 2SO_{3(g)}$

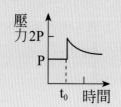

(D) $\underline{N_2O_{4(g)}} \rightleftharpoons 2NO_{2(g)}$。

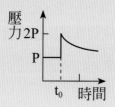

答案：(D)

解析

(D)圖形應為

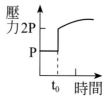

除了濃度與壓力，溫度對平衡的影響也可使用勒沙特列定律說明。根據勒沙特列原理，平衡應向消耗能量的方向移動。

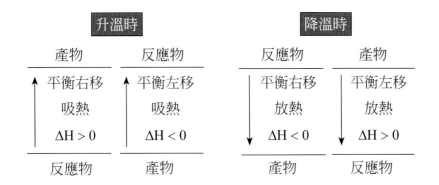

就以哈柏法製氨的反應（$N_{2(g)} + 3H_{2(g)} \rightleftharpoons 2NH_{3(g)}$ $\Delta H_0 = -92.22$ kJ mol^{-1}）為例：正反應為放熱反應，溫度升高相當於施加熱能於此平衡系。移動的結果，將造成氮氣與氫氣的濃度提高，而氨的濃度下降，因此平衡常數K值變小。前節濃度或壓力只是造成平衡移動，不改變平衡常數；但是，改變溫度不但造成平衡移動，也改變了平衡常數的大小。

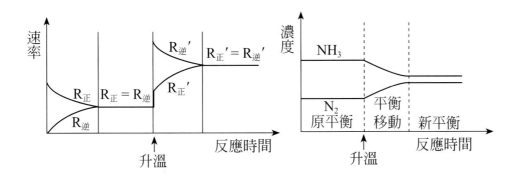

另在N_2O_4分解成NO_2的平衡反應中（$2NO_{2(g)} \rightleftharpoons N_2O_{4(g)}$　$\Delta H^0 = 57.2$ kJ mol^{-1}），正反應爲吸熱反應：當升高溫度，平衡向消耗能量的一方移動，亦即向右移動，反應物N_2O_4的濃度減少，產物NO_2的濃度增加，故容器內氣體的顏色變深，平衡常數變大。若降低溫度，則容器內氣體顏色變淡，平衡常數變小。吸熱反應之平衡常數，隨溫度的升高而增大；放熱反應之平衡常數，則隨溫度的升高而變小。

紅棕色的二氧化氮與無色的四氧化二氮均爲大氣汙染的氣體，彼此可互相轉換。依據上述的原理，我們可以思考一下：在冬天，於高空、低溫處，若偵測到大氣中有四氧化二氮的蹤跡，是否會轉換成二氧化氮呢？另於夏天，在地面、高溫50℃以上的地方，偵測到大氣中有二氧化氮的蹤跡，是否會轉換成無色的四氧化二氮呢？

許多人喜歡將水果放入冰箱一段時間後再吃，因爲冰鎮過的有些水果比常溫或加熱後的口味更甜。水果中所含的糖分主要有：蔗糖、果糖、葡萄糖等，其中果糖是最具有明顯甜味的，所以，水果顯甜主要是因爲它的果糖含量高。

水果冰凍後更甜，主要是跟它的果糖有關，而果糖的甜度與溫度有很大的關係。果糖具有兩種分子結構：「α-D-呋喃果糖」和「β-D-吡喃果糖」兩種異構體形式，簡稱α型和β型，α型果糖比β型果糖甜，其甜度是β型果糖的3倍。當低溫時，轉爲α型果糖越多，果糖甜度越高，最高可達到蔗糖的1.73倍。而當溫度越高，β型果糖越多，果糖液甜度反而會低於蔗糖，這就是爲什麼水果冰凍後更甜的原因。

特要別說明的是：冰凍後更甜說的是果糖，而蔗糖不同。蔗糖的甜度不會隨溫度的升高或降低而變化的，這也就是爲什麼有些水果或果汁冰凍後並不甜的原因所在。

範例：溫度對平衡的影響

若反應A→B，ΔH＝−30kJ，則下列敘述何者正確？

(A) 溫度升高，逆反應速率加快，正反應速率變慢，產率降低

(B)溫度升高，正、逆反應皆變快，產率不變

(C) 溫度降低，正、逆反應速率皆變慢，產率變大

(D) 溫度降低，正反應速率變快，逆反應速率變慢，產率變大

(E) 溫度升高，正、逆反應速率不變，產率不變。

答案：(C)

解析

(A)(B)(E)溫度升高，正、逆反應速率皆加快，但平衡向左移動，故產率降低。

(C)(D)溫度降低，正、逆反應速率皆變慢，但平衡向右移動，故產率增加。

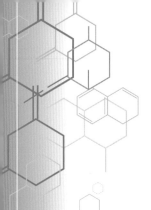

範例：溫度與 K 值

某一反應正反應爲放熱反應，達平衡時正、逆反應速率常數分別爲k_1及k_2，平衡常數爲K，若平衡之溫度下降時k_1變爲mk_1，k_2變爲nk_2，再達平衡時平衡常數爲aK，則下列敘述何者正確？

(A) m > 1、n > 1、a > 1　　　　(B) m > 1、n > 1、a < 1

(C) m < 1、n > 1、a < 1　　　　(D) m > 1、n < 1、a > 1

(E) m < 1、n < 1、a > 1。

答案：(E)

解 析

溫度下降，反應速率常數均變小，故m < 1，n < 1，但正反應爲放熱反應，則平衡常數變大，即a > 1。

催化劑可以加快反應速率，那對平衡是否也有影響？能以勒沙特列定律解釋嗎？

在系統中添加催化劑，會使得正、逆反應之活化能均降低，正，逆反應速率均變快。

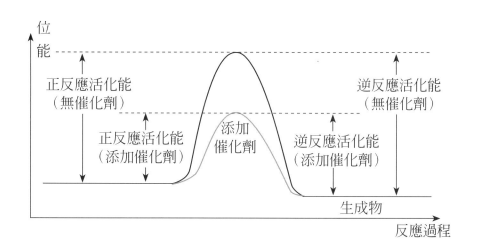

若在平衡系統中添加催化劑，由於正，逆反應速率等倍增加，所以平衡不受影響，平衡狀態不改變，平衡常數亦不受影響。

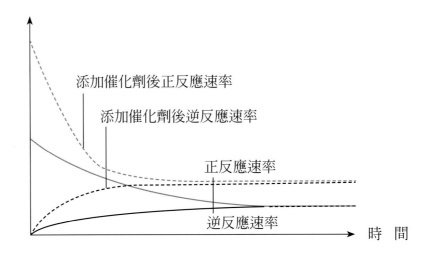

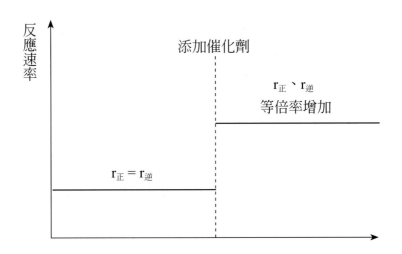

　　平衡常數值僅受溫度影響，溫度改變，若使平衡向右移動，則K值變大，反之，若平衡向左移，則K值變小。濃度、壓力、催化劑則不會改變K值。

範例：催化劑對平衡的影響

某化學平衡反應加入催化劑，下列敘述何者正確？

(A) 正反應速率增加，逆反應速率減少

(B) 反應物和產物的濃度均增加，而使正反應速率與逆反應速率加快

(C) 正反應速率增加，使平衡往產物方向移動，而增加反應產量

(D) 使反應活化能降低，但不影響反應熱大小。

答案：(D)

解析

(A)正反應和逆反應速率均等量增加。

(B)反應物和產物的濃度均不變。

(C)不改變反應產量。

　　工欲善其事，必先利其器。勒沙特列原理的應用，第一個就要提到甲烷的製備。

　　1897年，法國兩位化學家薩巴捷（P. Sabatier）和桑德朗（J. B. Senderens,）採用價格便宜的鎳（Ni）作為催化劑，於高壓和最佳溫度約300～400℃，將氫與二氧化碳混合製備甲烷與水，稱為「薩巴捷反應（Sabatier reaction）」。反應式：$CO_{2(g)} + 4H_{2(g)} \rightleftharpoons CH_{4(g)} + 2H_2O_{(g)}$　$\Delta H = -165.0$ kJ mol^{-1}。由風、太陽、水力、洋流等再生能源所產生的過剩電力，透過電解水製造氫氣，以及將燃煤或化石燃料所產生的廢氣二氧化碳

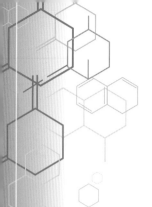

作爲原料，並根據勒沙特列原理，移去該反應產生的能量，即可製成環保再生能源的甲烷；因此特稱上述甲烷爲「合成天然氣（synthetic natural gas）」。現今製程則選用價格較昂貴、但效率更佳的釕（Ru）或銠（Rh）作催化劑，也可改用一氧化碳並消耗較少的氫，放出更多的熱量。

章前情境提到雅妍與官聖的理論：由於火星（Mars）的氣體組成含有95.97%的二氧化碳，並且兩極地覆蓋著水冰，因此利用火星上的原地資源（in situ resource utilization, ISRU），即可燃燒合成天然氣得到二氧化碳，釋出能量以電解水，並將產生的氫氣與二氧化碳反應製得甲烷，此反覆循環反應，人類或許未來可實現移民火星的夢想。

而哈柏法製氨更是不能不提及的重要例子。1908～1909年，德國化學家哈柏（F. Haber）和他的實驗室助理英國化學家羅塞格爾（R. Le Rossignol），研究能從空氣合成氨的方法。從1894～1911年期間，哈柏與德國化學工程師波希（C. Bosch）合作，利用氫氣和空氣中的氮氣，在高溫、高壓的條件下，以鐵粉作爲催化劑，並混合氧化鉀與氧化鋁以加強催化效果來量產氨，此法稱爲「哈柏-波希法（Haber-Bosch process）」，簡稱「哈柏法（Haber process）」。

氮氣與氫氣反應生成氨爲放熱反應，其熱化學反應式如下：$N_{2(g)} + 3H_{2(g)} \rightleftharpoons 2NH_{3(g)}$　$\Delta H^0 = -92.22 \text{ kJ mol}^{-1}$。根據勒沙特列原理：縮小反應系統的體積，也就是加大反應系統的壓力，同時將產生的氨液化，移走產物更有利於平衡朝向生成氨的方向移動，可提高氨的產率。平衡反應式中：氮氣、氫氣、氨的係數比是1：3：2.亦即每消耗1個氮分子與3個氫分子，可產生2個氨分子。高壓下反應物的碰撞頻率增加，反應速率亦增加；但壓力太高，將導致成本提升、危險性也大，故一般製氨採用的壓力約爲300～

500 atm。根據勒沙特列原理，降低溫度時，平衡向放熱的方向移動，有利於氨的生成。但因低溫時反應速率太慢，故須提高溫度以增加反應速率，因此，必須在兩者之間尋求最佳條件。目前工業生產氨時所選擇的最適當溫度約為400～500 ℃。

法國化學家布多阿爾（O. L. Boudouard, 1872～1923）於1905年，發現在密閉的高溫容器中，二氧化碳與固態碳吸收熱量反應，會產生一氧化碳，此稱為「碳汽化反應」，又稱為「布多阿爾反應（Boudouard reaction）」：

$$CO_{2(g)} + C_{(s)} \rightleftharpoons 2CO_{(g)} \quad \Delta H^0 = 172.5 \text{ kJ mol}^{-1}$$

若反過來看逆反應，則是升高一氧化碳的壓力或降低系統溫度，會產生二氧化碳並析出黑色碳粒，且伴隨著熱量釋出的現象，稱為「碳沉積反應」。

由上述反應得知，只要存在少量的固態碳和二氧化碳時，就可能產生一氧化碳氣體。之後結合1780年由義大利物理學家馮踏拿（F. Fontana, 1730～1805）發現的「水煤氣轉化反應（water gas shift reaction, WGSR）」：

$$CO_{(g)} + H_2O_{(g)} \rightleftharpoons CO_{2(g)} + H_{2(g)} \quad \Delta H = -40.4 \text{ kJ mol}^{-1}$$

這種既便宜，又有效率的製氫法，隨著製氫工業的發展，水煤氣轉化反應變成愈來愈受工業界重視與歡迎的循環轉化反應法。

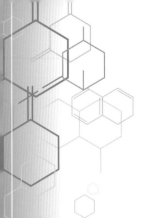

範例：勒沙特列原理的應用

工業上運用「勒沙特列原理」以哈柏法製氨：$N_{2(g)} + 3H_{2(g)} \rightleftharpoons 2NH_{3(g)}$，$\Delta H = -92kJ$，使工業生產過程更具經濟價值。以化學平衡的觀點，製程中所需考量的因素，下列敘述何者不正確？

(A) 添加鐵粉作為催化劑，可使平衡常數變大，提高氨的產率

(B) 不斷的移除氨氣能使平衡向右移動，使氨的產量提高

(C) 增加總壓使平衡向右移動，但不易控制與維持，將增加設備安全成本

(D) 低溫下平衡向右移動，但氨的形成速率因此變慢，反而增加反應時間

(E) 高溫可使反應速率變快，但會降低產率。

答案：(A)

解析

(A)催化劑不會改變平衡常數，也不會提高產量。

④ 溶解平衡與溶度積的關係

　　當物質溶解的速率與沉澱速率相等時，即已形成一飽和溶液，且未溶解的固體物質的量與溶液中物質的濃度均不再改變，我們稱此溶液處於溶解平衡狀態，為一種動態平衡。此種溶解平衡，其特徵是平衡的一方為固相，另一方卻是在溶液相中的粒子。

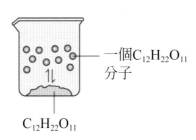

一個$C_{12}H_{22}O_{11}$
分子

$C_{12}H_{22}O_{11}$

在石灰岩洞穴內長時間所蘊育的美麗鐘乳石、石筍及石柱（主要成分為$CaCO_3$）等自然奇景（如下照片），可用溶解平衡現象解說：當含有二氧化碳的水，滲入石灰岩隙縫中，會溶解其中的碳酸鈣，而形成碳酸氫鈣溶液，產生石灰岩洞的溶蝕地形。碳酸氫鈣的水溶液從洞頂上滴下來時，由於水分蒸發，二氧化碳逸出，使得碳酸鈣又固化析出，由上而下或自地面向上，逐漸增長而成鐘乳石和石筍、石柱的堆積地形。

$$CaCO_{3(s)} + H_2O_{(l)} + CO_{2(aq)} \rightleftharpoons Ca(HCO_3)_{2(aq)}$$

範例：溶解平衡

將氯化鉛置入水中，當氯化鉛溶解反應達平衡之後，對平衡系加水，則下列何圖可表示加水至反應再達平衡時，溶液中$[Pb^{2+}]$及 $[Cl^-]$之變化情形？

(A)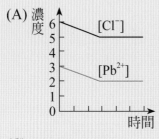

(B)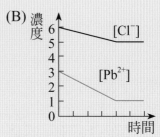

(C)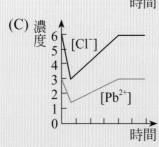

(D)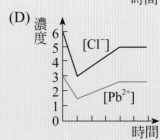

(E)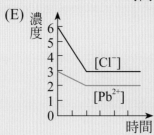

答案：(C)

解析

飽和的$PbCl_{2(aq)}$加入水再達平衡，即溶液仍為飽和，故$[Pb^{2+}]$和$[Cl^-]$先降低再恢復至原濃度。

難溶解的鹽類（AnBm）溶於水中：$AnBm(s) \rightleftharpoons n\,A^{m+}(aq) + m\,B^{n-}(aq)$，在某一溫度下達平衡時，其平衡常數（$K$）可以表示為$K = [A^{m+}]^n[B^{n-}]^m$，所以我們定$K = K_{sp}$（溶度積常數（solubility product constant，K_{sp}））$= [A^{m+}][B^{n-}]^m$。K_{sp}大，表示溶解度大，較不易沉澱（但仍需觀察K_{sp}的形式而定）。

對平衡式$AnBm(s) \rightleftharpoons n\,A^{m+}(aq) + m\,B^{n-}(aq)$，若是由兩液混合要形成$AnBm(s)$的沉澱時，只要其離子的乘積$[A^{m+}]^n[B^{n-}]^m > K_{sp}$即可產生沉澱（如同反應商$Q = [A^{m+}]^n[B^{n-}]^m$）。

Q 與 K_{sp}	飽和與否
$Q < K_{sp}$	未飽和，可溶
$Q = K_{sp}$	飽和
$Q > K_{sp}$	過飽和，析出

溶解度積常數會受到溫度的影響。溫度升高，會使吸熱反應的K_{sp}值變大（即溶的更多）。

若將難溶鹽（AnBm）溶於水中，設其$AnBm(s)$在水中的溶解度為s：

$$A_nB_{m(s)} \rightleftharpoons n\,A^{m+}_{(aq)} + m\,B^{n-}_{(aq)}$$

$$-s \qquad +ns \quad +ms$$

∴故可計算出$K_{sp} = [A^{m+}]^n[B^{n-}]^m = (ns)^n(ms)^m$

以$PbBr_2$為例：$K_{sp} = [Pb^{2+}][Br^-]^2$，則水中的溶解度$[Pb^{2+}] = s$，$[Br^-] = 2s$ $\Rightarrow K_{sp} = 4s^3$。將$4s^3$再套入已知的$K_{sp}$值中可得溶解度s。

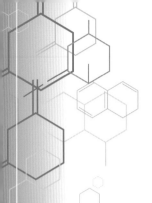

不同類型難溶性離子傾倒物 A_mB_n 之 K_{sp} 與溶解度（s）的關係

類型	實例	反應式	K_{sp}
AB	$AgCl$、$BaSO_4$	$AgCl(s) \rightleftharpoons Ag^+(aq) + Cl^-(aq)$ $BaSO_4(s)) \rightleftharpoons Ba^{2+}(aq) + SO_4^{2-}(aq)$	s^2
A_2B 或 AB_2	Ag_2CrO_4、 $PbCl_2$、Hg_2Cl_2	$Ag_2CrO_4(s) \rightleftharpoons 2Ag^+(aq) + CrO_4^{2-}(aq)$ $PbCl_2(s) \rightleftharpoons Pb^{2+}(aq) + 2Cl^-(aq)$ $Hg_2Cl_2(s) \rightleftharpoons Hg_2^{2+}(aq) + 2Cl^-(aq)$	$4s^3$
A_3B 或 AB_3	Ag_3PO_4	$Ag_3PO_4(s) \rightleftharpoons 3Ag^+(aq) + PO_4^{3-}(aq)$	$27s^4$
A_3B_2 或 A_2B_3	$Ca_3(PO_4)_2$	$Ca_3(PO_4)_2(s) \rightleftharpoons 3Ca^{2+}(aq) + 2PO_4^{3-}(aq)$	$108s^5$
ABC	$MgNH_4PO_4$	$MgNH_4PO_4(s) \rightleftharpoons Mg^{2+}(aq) + NH_4^+(aq)$ $+ PO_4^{3-}(aq)$	s^3

範例：溶度積常數 K_{sp}

碳酸鉻的 K_{sp} 應為下列何者？

(A) $[Cr^{3+}]^2[CO_3^{2-}]^3$

(B) $[Cr^{3+}][CO_3^{2-}]$

(C) $[Cr^{3+}]^3[CO_3^{2-}]^2$

(D) $[Cr^{3+}][CO_3^{2-}]^2$。

答案：(A)

由 $Cr_2(CO_3)_{3(s)} \rightleftharpoons 2Cr^{3+}_{(aq)} + 3CO_3^{2-}_{(aq)}$ ，$K_{sp} = [Cr^{3+}]^2[CO_3^{2-}]^3$

範例：Q 與 K_{sp}

將濃$AgNO_3$溶液慢慢滴入某一含$0.10MCl^-$及$0.10MCrO_4^{2-}$之溶液中。假設體積的變化可忽略，當達平衡時，溶液內Ag^+的濃度為$1.0×10^{-7}M$，此時所得的沉澱為下列何者？（AgCl的K_{sp} = $1.8×10^{-10}$，Ag_2CrO_4的K_{sp} = $2.5×10^{-12}$）

(A)AgCl　(B)Ag_2CrO_4　(C)AgCl與Ag_2CrO_4的混合物　(D)無沉澱生成。

答案：(A)

解析

(1) ∵AgCl之Q = $[Ag^+][Cl^-]$ = $(1.0×10^{-7})×0.10$ = $1.0×10^{-8}$ > K_{sp} = $1.8×10^{-10}$

∴會產生AgCl沉澱

(2) ∵Ag_2CrO_4之Q = $[Ag^+]^2[CrO_4^{2-}]$ = $(1.0×10^{-7})^2×0.10$ = $1×10^{-15}$ < K_{sp} = $2.5×10^{-12}$

∴不會產生Ag_2CrO_4沉澱

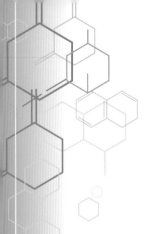

> 範例：溶度積常數 K_{sp} 與溶解度 s
> 設下列各鹽在水中溶解度爲 s mol/L，則下列何種鹽之 $K_{sp} = 4s^3$ ？
> (A)$CaSO_4$　(B)Hg_2Cl_2　(C)$Al(OH)_3$　(D)$Mg_3(PO_4)_2$　(E)Hg_2S。

答案：(B)

解析

(A)$CaSO_4$：s^2。(B)Hg_2Cl_2：$4s^3$。(C)$Al(OH)_3$：$27s^4$。(D)$Mg_3(PO_4)_2$：$108s^5$。(E)Hg_2S：s^2。

　　「同離子效應（commom ion effect）」是此節最常見的運用：在一微溶性鹽類的溶解平衡系中，若加入含有與平衡系相同離子的電解質時，則原平衡系離子的濃度會降低。依據勒沙特列原理：當在一平衡系中加入一相同離子時，平衡會往降低該離子濃度的方向移動，即微溶性鹽類在含有相同離子溶液中的溶解度會受到抑制（溶解度比純水中小），但此時溶液中離子濃度的乘積仍等於Ksp。如在PbI_2的飽和溶液（澄清）中，若加入KI後，因爲溶液中的I^-突然增加，使得$PbI_{2(s)} \rightleftharpoons Pb^{2+} + 2I^-$的平衡向左移，而使溶液中會析出黃色的$PbI_{2(s)}$沉澱。

　　製作肥皂的最後過程，稱爲「鹽析」：加入飽和的食鹽水後，能大量析出肥皂（硬脂酸鈉）沉澱，原因之一是利用硬脂酸鈉在食鹽水中，因鈉離子的就是同離子效應，使其溶解度減小所造成的。同理，若使用海水來溶解硬脂酸鈉，由於海水含鈉離子，則會干擾硬脂酸鈉的溶解度，因在過量鈉離子存在下，硬脂酸鈉的去汙效果降低。洗澡時使用肥皂，由於人體

表皮分泌的汗液，含有鈉、鈣及鎂等離子礦物質以及其他，會產生如硬脂酸鈣等的多種沉澱物。由於硬脂酸鈣的密度低於水，因此會浮在水面上形成浮渣，並隨著水位於浴缸周圍留下難看的「浴缸環」等皂垢（如下照片箭頭處）。

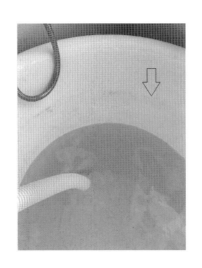

　　進行消化系統的X光攝影時（如下照片），常會服用添加有硫酸鈉（Na$_2$SO$_4$）的硫酸鋇（BaSO$_4$）懸浮液，以增強顯像效果。其中，Na$_2$SO$_4$所解離出之SO$_4$$^{2-}$會對BaSO$_4$的解離造成同離子效應，降低溶液中的Ba^{2+}濃度，使Ba^{2+}對人體可能造成的毒性減小。

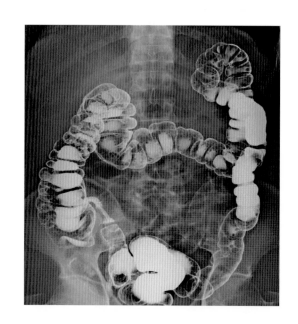

吃過含糖甜食，口腔中的乳酸菌就會將糖轉化為乳酸，一段時間後，口腔唾液的pH值將下降。牙齒表面琺瑯質的主成分是「羥磷灰石（$Ca_5(PO_4)_3OH$）」，如果口腔內的pH值小於5.5時，琺瑯質將溶解並引起齲齒。反應式為：

$$Ca_5(PO_4)_3OH_{(s)} + H^+_{(aq)} \rightleftharpoons Ca_5(PO_4)_3^+_{(aq)} + H_2O_{(l)}$$

市售某些漱口水（如下照片）或牙膏的成分含有氟離子，它可與牙齒表面琺瑯質反應，產生「氟磷灰石（$Ca_5(PO_4)_3F$）」，降低齲齒發生率，反應式為：

$$Ca_5(PO_4)_3OH_{(s)} + F^-_{(aq)} \rightleftharpoons Ca_5(PO_4)_3F_{(s)} + OH^-_{(aq)}$$

答案：(D)

解析

$$[Pb^{2+}] = 4.14ppm = 4.14mgL^{-1} = \frac{4.14 \times 10^{-3}}{207}molL^{-1} = 2 \times 10^{-5}M$$

由$8 \times 10^{-5} = 2 \times 10^{-5} \times [Cl^-]^2$，$[Cl^-] = 2M$，

加入的NaCl $= 2 \times 1 \times 58.5 = 117$（克）。

　　物質的溶解度會因多種因素而發生變化，如溫度、酸鹼度。運用定性分析僅可確定特定離子存在與否，若用定量分析則能確定特定離子的存在量。

　　由下面例題來說明定量與定性分析：離子化合物的水溶液含有離子並能導電。將氯化鋇水溶液逐滴加於相同濃度的硝酸銀溶液20mL中，其導電率與所加入氯化鋇的體積關係圖如附圖，根據以上實驗結果，我們可以得到下列的結論：

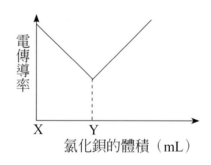

一、於X點時，燒杯內的溶液有$Ba^{2+}_{(aq)}$和$NO_3^-_{(aq)}$。
二、於X點與Y點之間，燒杯內的化學反應使溶液中的離子數目減少
三、過了Y點後，溶液的電傳導率上升是因為氯化鋇過量。
四、於X點與Y點之間，鋇離子數目增加，銀離子的數目減少。

　　若欲檢測元素與其濃度等此種定性分析法，目前有「原子吸收光譜學（atomic absorption spectroscopy, AAS）」和「電感耦合電漿質譜法（inductive coupled plasma mass spectrometry, ICP-MS）」等，只要使用極少量的樣品，即可快速檢測元素和其濃度。

再以銀沉澱分離的應用作為實例：若溶液中含多種離子，可同時對加入之離子做沉澱反應時，產生沉澱的順序是由各難溶鹽依達K_{sp}值所需加入離子的濃度做判斷。在室溫下，將硝酸銀（$AgNO_3$）溶液加入以氯消毒過的游泳池水或自來水中，會產生肉眼可見的白色氯化銀（$AgCl$）沉澱物。但測試時溶液中若是含有溴化物與碘化物，則會先沉澱出碘化銀（AgI），再沉澱出溴化銀（$AgBr$），最後才沉澱出氯化銀。主因是溴化銀的溶度積常數很小，碘化銀的溶度積常數更微小，兩者皆比氯化銀的溶度積常數小許多。

在離子化合物的沉澱分析方面：如欲檢測環境中的土壤、水質以及材料中所含的離子成分時，例如：老舊水管是否含鉛、汞汙泥是否汙染地下水、化妝品的粉餅中是否含鎘等，可用沉澱、分離法來確認。

在鑑定混合離子水溶液時，加入不同的試劑處理後，溶液中某些離子發生沉澱反應（precipitation reaction），可將混合在一起的離子，逐一過濾分離出來，並可能引起顏色或其他外觀的變化，因而可作為確認離子種類的重要依據。

溶解度的範圍很廣，程度從「無限」、「可溶」到「難溶」都有。現以《美國藥典（United States Pharmacopeia, USP）》所定的標準，如下表圖來定義溶解度：

溶解性	$\dfrac{\text{所需溶劑質量}}{\text{溶解溶質質量}}$
極易溶	< 1
易溶	1 ~ 10
可溶	10 ~ 30
微溶	30 ~ 100
微微溶	100 ~ 1000
微微溶	1000 ~ 10000
難溶或不溶	≥ 10000

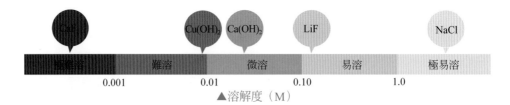

▲溶解度（M）

再談溶解度規則。陽離子如1A族、NH_4^+，陰離子如CH_3COO^-、NO_3^-等所形成的鹽類，大多可溶；而Cl^-、Br^-、I^-形成的鹽類大多可溶，但與Hg_2^{2+}、Cu^+、Pb^{2+}、Ag^+、Tl^+等形成的鹽類則為難溶。下表就是常見離子所形成鹽類的溶解度規則：

陰離子	陽離子	溶解度
所有陰離子	IA^+、H^+、NH_4^+	可溶
NO_3^-	所有陽離子	可溶
CH_3COO^-	所有陽離子（Ag^+ 除外）	可溶

陰離子	陽離子	溶解度
Cl^-、Br^-、I^-	Hg_2^{2+}（亞汞離子）、Cu^+（亞銅離子）Pb^{2+}、Ag^+、Tl^+（亞鉈離子）	難溶
SO_4^{2-}	Ba^{2+}、Pb^{2+}、Ca^{2+}、Sr^{2+}	難溶
CrO_4^{2-}	Ag^{2+}、Sr^+、Ba^{2+}、Pb^{2+}	難溶
S^{2-}	IA^+、H^+、NH_4^+、HA^{2+}	可溶
OH^-	IA^+、H^+、NH_4^+、Ca^{2+}、Sr^{2+}、Ba^{2+}	可溶
$C_2O_4^{2-}$	IA^+、H^+、NH_4^+、Be^{2+}、Mg^{2+}	可溶
SO_3^{2-}、PO_1^{2-}、CO_3^{2-}	IA^+、H^+、NH_4^+、	可溶

　　人類食用的鹽，最早是採集自然界存在的鹵水或結晶成岩石的鹽，包括天然鹵水、岩鹽及海濱窪地自然結晶的鹽（如下照片）。這種鹽大都含有少量硫酸根（SO_4^{2-}）、鈣離子（Ca^{2+}）及鎂離子（Mg^{2+}）等雜質，所以稱為「粗鹽」。將此粗鹽溶解成溶液後，加入含鋇離子（Ba^{2+}）溶液，與其中硫酸根形成沉澱物沉澱，過濾後於濾液中加入蘇打（碳酸鈉Na_2CO_3）溶液，形成碳酸鈣（$CaCO_3$）與碳酸鎂（$MgCO_3$）沉澱，再過濾除去，最後可得純化的食鹽氯化鈉（$NaCl$）。

　　環境汙染物的重金屬鎘離子，若人類攝入過量，會使體內的腎、骨骼、肺等多種器官發生病變，造成鎘中毒，著名的「痛痛病」病因即為此（如圖，痛痛病造成的骨骼畸形）。由於硫化鎘普遍存在閃鋅礦和纖鋅礦等礦石裡，因此冶煉鋅和電鍍鋅的過程中所排放出的廢液，若加入氫氧化鈉，沉澱析出難溶的氫氧化鎘後，再排放廢液，如此即可減低鎘離子含量，以降低環境汙染。

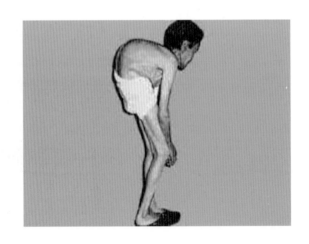

而離子與鹽的顏色也是大家必須要了解的部分，在分析化學的範疇中占有相當重要的分量。下表就是常見離子與鹽的顏色的彙整：

陰離子	沉澱顏色
Cl^-	大部分沉澱為白色
Br^-	大部分沉澱為淡黃色
I^-	大部分沉澱為黃色
SO_4^{2-}	大部分沉澱為白色
CO_3^{2-}	大部分沉澱為白色
$C_2O_4^{2-}$、SO_3^{2-}、PO_4^{3-}	大部分沉澱為白色
S^{2-}	大部分沉澱為黑色 特例：ZnS 為白色；MnS 為淡粉紅色
CrO_4^{2-}	Ag_2CrO_4 為磚紅色 　$PbCrO_4$、$BaCrO_4$ 為黃色

例如幾種銀化物的顏色：白色氯化銀微晶，可添加到變色鏡片中，遇紫外光就會使鏡片變黑。鉻酸銀由於其特有的磚紅色，可作為檢測氯化銀沉澱反應的指示劑。黃色碘化銀用於膠卷的照相底片，可作為防腐劑與人造雨的晶核。銀幣閃亮動人（如右照片），但與硫反應即變為黑色難看的硫化銀，硫化銀常見於古舊銀製器皿表面上所生成的緻密黑色鏽蝕物，至火山地區旅遊最好不要攜帶銀器或首飾。

範例：沉澱分析

含有Pb^{2+}、Ba^{2+}、Fe^{3+}、Al^{3+}四種陽離子之混合液，依下列流程圖使各金屬離子分離，請寫出沉澱A、B、C、D的化學式及顏色。

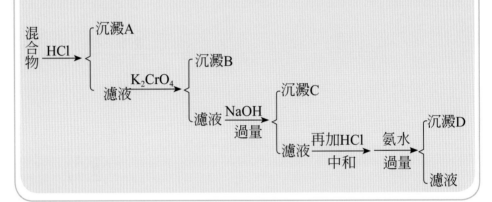

答案：A：$PbCl_2$白色，B：$BaCrO_4$　黃色，C：$Fe(OH)_3$　紅棕色，D：$Al(OH)_3$　白色

解析

A：$Pb^{2+}_{(aq)} + 2Cl^-_{(aq)} \rightarrow PbCl_{2(s)}$（白色）

B：$Ba^{2+}_{(aq)} + CrO_4^{2-}_{(aq)} \rightarrow BaCrO_{4(s)}$（黃色）

C：$Fe^{3+}_{(aq)} + 3OH^-_{(aq)} \rightarrow Fe(OH)_{3(s)}$（紅棕色）

D：$Al^{3+}_{(aq)} + 3NH_{3(aq)} + 3H_2O_{(l)} \rightarrow Al(OH)_{3(s)}$（白色）$+ 3NH_4^+_{(aq)}$

範例：沉澱分析

某生進行以下離子分析，請將下列空格(1)～(4)填入化學式，(5)填顏色。

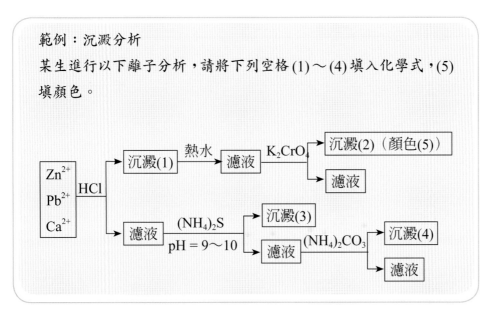

答案：(1)PbCl$_2$；(2)PbCrO$_4$；(3)ZnS；(4)CaCO$_3$；5)黃色

解析

PbCl$_2$沉澱可溶於熱水中。

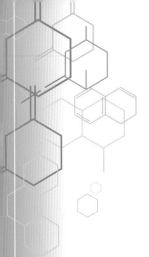

本章學習重點

1. 反應無法再恢復至原始狀態為「不可逆反應」。在密閉系統中，微觀反應物與產物的量，不斷在消耗與生成為「可逆反應」。

2. 定溫下，可逆化學反應，當正反應與逆反應的速率相等時，反應達到平衡狀態。

3. 可逆的化學反應達到平衡時，若反應物與產物呈液相或氣相平衡，以體積莫耳濃度表示各組成成分的濃度，每個產物濃度係數次冪的連乘，與每個反應物濃度係數次冪的連乘積之比值，稱為「濃度平衡常數K_c」。

4. 在可逆的化學反應中，任一時刻將反應物與產物的濃度，代入平衡常數表示式，所得的數值稱為「反應商」，代號「Q」。反應式與平衡常數的關係：

   (1) $Q > K$，反應將向左移動。

   (2) $Q < K$，反應將向右移動。

   (3) $Q = K$，反應已達平衡狀態。

5. 平衡狀態的系統，物質的濃度、壓力或體積以及溫度變化時，平衡就向能夠減弱這種改變的方向移動，以抗衡該改變。這種使系統變成新的平衡狀態，所做的「定性」判斷，稱為「勒沙特列原理」。

6. 濃度對平衡的影響：在一平衡系中，若使反應物濃度增加或產物濃度降低，都可使平衡向右移動；反之，若使反應物濃度降低或產物濃度增加，平衡則向左移動。

7. 壓力或體積對平衡的影響：在定溫下，如果系統的體積減小，即壓力變大，平衡將轉向有利於壓力降低的方向移動，意即平衡需向氣體總莫耳數較少的一方移動。相反的，定溫下擴大系統的體積，則平衡將朝向氣體總莫耳數較多的一方移動。

8. 溶度積常數：

   (1)若 $Q < K_{sp}$，溶液未飽和。

   (2) 若 $Q = K_{sp}$，溶液恰達飽和，處於平衡狀態。

   (3) 若 $Q > K_{sp}$，溶液過飽和。

9. 當幾種含有相同離子的鹽（或酸、鹼）溶於水時，它們的溶解度都會降低，這種現象稱為「同離子效應」。

學習上應注意事項與容易犯下的錯誤

1. 可逆反應達平衡時，正反應與逆反應仍持續進行。

2. 可逆反應達平衡時，系統各物質均同時存在不會耗盡。

3. 可逆反應平衡時，系統各物質粒子數不等於反應式係數。

4. 濃度或壓力只是造成平衡移動，不改變平衡常數；但是，改變溫度不但造成平衡移動，也改變了平衡常數的大小。

5. 在系統中添加催化劑，會使得正逆反應之活化能均降低、正逆反應速率均變快。若在平衡系統中添加催化劑，由於正逆反應速率等倍增加，所以平衡不受影響、平衡狀態不改變、平衡常數亦不受影響。

6. 高壓、低溫較有利於氨的生成：

   (1) 高壓下反應物的碰撞頻率增加，反應速率亦增加；但壓力太高，將導致成本提升且危險性增大，故一般製氨採用的壓力約為300～500 atm。

   (2) 降低溫度時，雖說平衡向放熱的方向移動、有利於氨的生成，但因低溫時反應速率太慢，故須提高溫度以增加反應速率。因此，必須在兩者之間尋求最佳條件，目前工業生產氨時所選擇的最適當溫度約為400～500 ℃。

7. 運用「定性分析」僅可確定特定離子存在與否，若用「定量分析」則能確定特定離子的存在量。

自宇宙的視角看過去，在銀河系邊緣的角落，有個小小的恆星，周圍繞著八個行星，自內而外的第三個行星是藍色的，而原本黯淡無光的第四個行星，現在居然看起來也呈現淡藍色而生機盎然……。

　　西元2258年，隨著地球資源愈來愈匱乏、極端氣候愈來愈頻繁，人類終於下定決心，移民到火星。官聖與雅妍是一對星際情侶，獲派前往這個距離地球最相近的行星，進行先驅任務。經過幾個月的努力，終於有了初步結果……。

　　「妍妍快看，這是我們在火星上收成的第一顆蘋果！我要進獻給我的白雪公主……。」官聖開心地跑進營地，在雅妍面前單膝下跪，手上捧著一顆紅澄澄的蘋果，看起來好香好甜好好吃。

　　正在通話的雅妍，忙著向地球總部報告目前在火星上的建設成果。一切都進行地很順利，心情有如萬里晴空，看見官聖走進來，回頭對他嫣然一笑。

　　「謝謝你白馬王子，」雅妍被官聖的滑稽模樣給逗笑了，「告訴你一個好消息：第一波的地球移民，六個月之後就會到達，火星到時就會很熱鬧喔……，」她雙手攬著官聖的脖子，「不過在此之前先別急，你先把蘋果拿到冰庫冰鎮一下，這樣子會更甜更好吃！」

編後語：傲慢的偏見

　　我寫的有關於親職教育的文章，大多是站在父母立場來談論，但最近發生許多事情給我許多感觸，所以在此就以孩子角度來談一下幾位好學生的難過事。

　　在桃園某大補習班有位K同學，個性相當活潑開朗，功課優秀又與我談得來，是位非常討人喜歡的學生。這次會考差1分就可以上武陵高中，他一直耿耿於懷，雖然表情有點落寞，但與我聊到沒考上武陵高中這件事時，也都還是保持著笑容，當然，我也盡量開導他，說想當初陳大為高中聯考只差0.5分就可以考上建中呢，唸桃園高中未必不好，也許對未來繁星計畫可以更見優勢。

　　不料就在前幾天上課時，我在課堂上詢問一個問題，結果他回答的答案不是太精確，我就以開玩笑的口吻說：「就是因為你的觀念不夠完整，所以才上不了武陵。」沒想到他聽完，居然整個人悶起來。因為大家彼此平常常開玩笑，我有點訝異我的玩笑話會讓他有這種反應，所以之後，就故意問他幾個簡單問題緩和氣氛，他也對答如流，只是仍板著臉。而更讓我感覺晴天霹靂的是，下課後，他居然跑進教師休息室，坐到我旁邊不遠的沙發上，當著班主任與幾位同學的面，嚎啕大哭了起來。

　　看見他在啜泣，我感到相當抱歉，因為無心的一句話傷到了他，倒是班主任與同學都說並非是我的錯，因為他的母親給他相當大的壓力，一直累積的結果，因為我的一句話讓他整個宣洩出來，如果他真的怪我，就不會在事後繼續上課還與我互動回應問題、下課還跑過來哭給我看。這件事讓我想到臺北市某明星學區一位成績優異的T同學，就因為某次理化段考成

續與全校最高分差了4分，家長憤而質問我原因並讓孩子退班抗議。我實在不了解4分的意義有如此巨大嗎？需要有那麼大的動作與反應？其實T同學本人相當喜歡上我的課，他希望能夠繼續留班就讀，但是家長不准並要求到其他補習班試聽。兩個月之後，繞了一圈的他功課退步，經過T同學極力爭取，很高興又能回來我的班上課，並且在去年的會考自然科滿級分高分錄取建中。

只是，上建中的T同學父母並沒有因此贊成他繼續上我的高中化學課，他的爸媽以我開設高中班的地點距離家裡太遠為理由，反對他來上課。其實，T同學現在試聽的臺北車站區各大補習班地點，與我開設高中班的教室位置就在附近，看他在臉書上抱怨去試聽的那些課程，老師上課內容不是錯誤百出、就是乏味至極，實在不懂爸媽為何不同意他上陳大為的課，讓他感到相當不滿與難過。反倒是我勸他一定要聽爸媽的話，當一個孝順的好孩子，只是心中還是對不能繼續教導他感覺十分遺憾。

我可以理解做父母的想法與世故，他們認為孩子就是要逼，管他會有多少壓力，因為他們還小不懂事，以後長大了孩子自然會了解？還有補習班老師都是偽君子，為了騙錢，所以拼命騙小孩的心。因為孩子對我太有向心力了，讓他們害怕起來，即使賭上了孩子的學業成績，也不准繼續來上課。我不否認我經營的是營利的補教事業，但這就是討生活，在社會上打拼的所有人誰不是如此？每位家長也不都是在努力營生？但是，我還有的是光明正大的教育良心，學生與家長對我肯定的口碑，這在補教界是可以打聽出來的！我賺錢賺得心安理得，我讓學生有著最優秀的成績、會感念我，未來有輝煌成就並對社會做回饋，我不認為我這樣子賺錢有什麼不對。

一樣在一年前，有位L同學的家長，到補習班做續班繳費，在繳費時要

求補習班做幾乎免費的大折扣，因為他說他的女兒成績優秀，是任何一家補習班都搶著要的活廣告，許多補習班甚至開出了不可思議的低價來優待他。但班主任礙於規定，委婉拒絕了他的要求，沒想到他惱羞成怒，憤而帶L同學離班。L同學委屈地寫信給我訴說她的難過，實在不懂爸媽為何一直找補習班的麻煩，她在其他的補習班相當不適應，而我更難過的是，她原本應該有機會可以上前三志願的明星學校，結果後來只考上一般的公立高中。

就是感慨吧！賺錢似乎就是原罪，所以一位好老師或好補習班，應該都要免費讓學生上課？也許是因為社會的脈動所及，只要關係到錢，似乎彼此都缺少了一份信任。不是只有補教，社會上任何一個行業都是如此，只要提到金錢，心中的那道堤防就築得比什麼都高，也不管所謂的將心比心、設身處地。我是懂得這層道理的，所以儘管如此，我仍願意為單純可愛、心地善良、用功向學的好孩子竭盡我心力，畢竟大人們的攻防，不要讓純真的孩子受到太多的負面影響。只是身為父母的人，別忘了自己對於孩子的強大影響力，我們在爭意氣之餘，要冷靜並仔細地為孩子設想事情，因為孩子是你自己的，他的未來在目前都是操之在你手中，如果走錯了，一輩子可能都走偏了，而我真的超在意這些事情的，儘管他們非我骨肉。就在

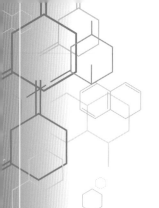

稍早，在臉書上收到一位已經身爲人父的學生給我的訊息，他說：「如果老師有時間的話，我很想跟老師見個面敘敘舊，因爲大爲老師是我到現在都還會提起的老師，你在我求學過程中扮演著很重要的角色。老師，謝謝你！」

我想，能夠收到年紀大到可以「明辨善惡」的學生此番留言，就是對我的工作最大的肯定！

國家圖書館出版品預行編目資料

行動化學館. 6：反應速率與化學平衡／
陳大為著. -- 初版. -- 臺北市：五南,
2022.10
　面；　公分
ISBN 978-626-343-343-4（平裝）

1.CST: 化學　2.CST: 中等教育

524.36　　　　　　　　　　111014290

ZC36

行動化學館6：反應速率與化學平衡

作　　　者 ― 陳大為（271.8）

發 行 人 ― 楊榮川

總 經 理 ― 楊士清

總 編 輯 ― 楊秀麗

副總編輯 ― 王正華

助理編輯 ― 金明芬

封面設計 ― 姚孝慈

出 版 者 ― 五南圖書出版股份有限公司

地　　　址：106台北市大安區和平東路二段339號4樓

電　　　話：(02)2705-5066　　傳　　真：(02)2706-6100

網　　　址：https://www.wunan.com.tw

電子郵件：wunan@wunan.com.tw

劃撥帳號：01068953

戶　　　名：五南圖書出版股份有限公司

法律顧問　林勝安律師事務所　林勝安律師

出版日期　2022年10月初版一刷

定　　　價　新臺幣280元

經典永恆・名著常在

五十週年的獻禮 —— 經典名著文庫

五南，五十年了，半個世紀，人生旅程的一大半，走過來了。
思索著，邁向百年的未來歷程，能為知識界、文化學術界作些什麼？
在速食文化的生態下，有什麼值得讓人雋永品味的？

歷代經典・當今名著，經過時間的洗禮，千錘百鍊，流傳至今，光芒耀人；
不僅使我們能領悟前人的智慧，同時也增深加廣我們思考的深度與視野。
我們決心投入巨資，有計畫的系統梳選，成立「經典名著文庫」，
希望收入古今中外思想性的、充滿睿智與獨見的經典、名著。
這是一項理想性的、永續性的巨大出版工程。
不在意讀者的眾寡，只考慮它的學術價值，力求完整展現先哲思想的軌跡；
為知識界開啟一片智慧之窗，營造一座百花綻放的世界文明公園，
任君遨遊、取菁吸蜜、嘉惠學子！